MARK

# EL VIAJE INTERIOR

# J. DONALD WALTERS

# CÓMO INICIARSE EN LA MEDITACIÓN

## Para alcanzar la plenitud en la vida cotidiana

ONIRO

*Colección dirigida por Carlo Frabetti*

Título original: *Meditation for Starters*
Publicado en inglés por Crystal Clarity, Publishers- c/o Ananda
Europa, Casella Postale # 48, 1-06088 Santa Maria degli Angeli,
Assisi (PG) Italy. Phone #39-742-813-620

Traducción de Nuria Martí

Diseño de cubierta: Víctor Viano

Ilustradora: Christine Starner Schuppe

Distribución exclusiva:
Ediciones Paidós Ibérica, S.A.
Mariano Cubí 92 – 08021 Barcelona – España
Editorial Paidós, S.A.I.C.F.
Defensa 599 – 1065 Buenos Aires – Argentina
Editorial Paidós Mexicana, S.A.
Rubén Darío 118, col. Moderna – 03510 México D.F. – México

*1ª edición, 1999*

© 1996 by J. Donald Walters

© exclusivo de todas las ediciones en lengua española:
Ediciones Oniro, S.A.
Muntaner 261, 3.º 2.ª – 08021 Barcelona – España
(e-mail:oniro@ncsa.es)

ISBN: 84-89920-50-8
Depósito legal: B-255-1999

Impreso en Hurope, S.L.
Lima, 3 bis – 08030 Barcelona

Impreso en España – *Printed in Spain*

# Índice

## Primera parte
## La senda

## Segunda parte
## La Tierra Misteriosa

*Índice*

Primera parte
La senda

1. ¿Para qué meditar?
2. ¿Qué es la meditación?           15
3. Cómo meditar                      31
4. Preparativos para la meditación
5. Cómo relajar el cuerpo            49
6. La concentración
7. Cuánto tiempo se debe meditar     683
8. Después de la meditación          97
9. La meditación y la vida diaria    107

Segunda parte
La Hora Misteriosa

La Hora Misteriosa                   113

# PRIMERA PARTE

❖

## *La senda*

# CAPÍTULO 1

❖

## ¿Por qué meditar?

Piensa en la cantidad de cosas que persigues con la esperanza de encontrar la tranquilidad una vez las hayas conseguido.

Te dices: «¡Compraré aquel veloz deportivo rojo, o aquel resistente y brillante modelo blanco, o aquella bella furgoneta familiar! ¡No descansaré hasta conseguirlo!».

O quizá pienses: «No pararé hasta lograr aquella casa nueva de porche sombreado y amplio dormitorio principal; su comedor es tan tranquilo y espacioso que ya no nos veremos obligados a comer siempre en la cocina con los pepinos, ni permanecer en esa sala de estar de tan lóbrego aspecto.

¡Oh, cuando lo consiga podré por fin relajarme!».

Generalmente, nuestra imagen mental del ideal que deseamos alcanzar es como una pintura enmarcada, tan estática que nunca cambia. En lugar de ser la vía hacia futuros cambios y retos, es un fin en sí mismo. Aun cuando nuestras metas sean sólo medios para conseguir otros objetivos, nuestra visión del futuro nos transporta hacia un momento en que creemos que, por fin, hallaremos la paz.

La paz es el estado natural del alma. A veces las personas hablan con cierta nostalgia de la paz del cementerio —como en la frase *«requiescat in pace»*— a pesar de considerar la muerte como un descenso a la inconsciencia. Es evidente que incluso la pérdida de la consciencia les parece una atractiva alternativa a la incesante lucha por la existencia humana. Sin embargo, la meditación es una opción infinitamente más atrayente, ya que eleva la mente a un estado de paz superconsciente, el cual, una vez alcanzado, puede mantenerse incluso durante la conmoción psíquica que produce la muerte física.

En realidad nunca podremos hallar la paz fuera de nosotros mismos. Lo que consideramos paz es tan sólo una simple tregua temporal en la batalla de la vida. Aquel flamante automóvil, una vez adquirido, será tan sólo el preludio de nuevas ambiciones y renovados retos. Aquel hogar encantador se convertirá en una invitación a nuevas responsabilidades, a compromisos a largo plazo, y quizás origine más fuertes apegos.

En este proceso de ir en persecución de una cosa tras otra, siempre con el deseo de conseguirlo todo finalmente tal como deseas, lo que sucede es que te habitúas a perseguir cosas, a buscar constantemente maneras de encontrar la satisfacción. Algún día sin duda —piensas— seré capaz de gozar de la vida totalmente. Pero lo irónico del caso es que en el mismo proceso de persegir la tranquilidad, pierdes gradualmente la habilidad de estar tranquilo. Y en el proceso de perseguir la satisfacción, pierdes la capacidad de disfrutar de cualquier cosa.

Empezamos a disfrutar de la vida cuando somos capaces de relajarnos. Esta habilidad es muy sencilla, por eso resulta tan difícil. Desde que nacemos nuestra fuerza vital está acostumbrada a fluir hacia los cinco sentidos, y a través de ellos a este mundo de infinita complejidad. Y ahora no nos resulta fácil invertir dicho flujo.

Cuanto más persigas el sosiego por medio de la actividad, más desasosegado te volverás. Cuanto más busques la felicidad a través de los sentidos, menos feliz serás, por la simple razón de que el goce sensorial, en lugar de nutrir tu capacidad de felicidad, la estará agotando.

¿Por qué esperar? ¿Por qué esperar a que la paz y la felicidad lleguen a ti finalmente? ¿Las acabarás consiguiendo cuando te jubiles? ¡Me imagino que no! Si arrellanado cómodamente en la mecedora te resistes a la tendencia de dedicarte a hacer cosas a pesar de lo improductivas que sean, probablemente te morirás de aburrimiento.

Todo el mundo, por muy ocupado que esté, necesita dedicar un poco de tiempo cada día a practicar el arte de hacer cosas con serenidad. No hallarás la paz hasta que ésta forme parte de tu propia actividad. La paz debería ser parte del proceso creativo.

De ahí la importancia de la meditación.

◆　　◆　　◆　　◆　　◆

### Preguntas y respuestas

**Pregunta:** ¿Aparte de la meditación, hay otras formas de acabar con el hábito de toda una vida del desasosiego?

**Respuesta:** Sí, existen muchas. Sin embargo, son menos directas que la meditación, porque no se centran en la paz en sí misma, sino en crear las condiciones que permitan encontrarla. La paz no es sólo un estado pasivo que se experimenta cuando ha cesado la agitación que nos rodea.

La gente se imagina que hallará la paz en un entorno tranquilo, en aquella casita junto al mar, a la que espera ir a vivir al jubilarse; o en una serena vida a bordo de un yate. Pero, en cambio, lo que descubre, si para ella la paz sólo significa el fin de la ansiedad, es una vida de un hastío cada vez más profundo. La auténtica paz nunca es pasiva, sino dinámica. Surge de un alto nivel de conciencia. Sólo puede hallarse en el interior, en el Yo. La conciencia que fluye hacia el exterior, si es estimulada en exceso, nunca te dará paz, sólo la agotará.

Sin embargo, es muy positivo preparar las bases de este más elevado nivel de conciencia simplificando la vida exterior de cada uno y reduciendo la cantidad de deseos personales. Es importante mantener una actitud serena. Sin ella, meditar te resultará muy difícil.

Mientras estés trabajando, concéntrate en hacer una sola cosa a la vez. Finaliza un proyecto antes de iniciar otro. Intenta no «engullirte» la vida. Muévete en una aureola de serenidad y te resultará fácil hallar la paz superconsciente cuando medites.

**Pregunta:** He descubierto que cuando estoy inmerso en la agitación de la actividad, llego a temer la paz. ¿Hay algo que pueda hacer para vencer ese miedo?

**Respuesta:** Es uno de los obstáculos clásicos en la senda espiritual: la falsa idea, en este caso, la de temer aquello que con mayor desesperación se necesita y desea.

El miedo que mencionas es simplemente consecuencia de una tensión física y mental. Si luchas contra esta tensión, sólo conseguirás ponerte más tenso. Por lo tanto, debes concentrarte, en primer lugar, en relajar el cuerpo, y después la mente. Más tarde profundizaré en el tema de la relajación y cómo conseguirla.

**Pregunta:** Nos ha dicho antes que la paz debe formar «parte del proceso creativo». Pero ¿no ocurre a menudo que la creatividad no es fruto de la serenidad interior sino de la angustia mental y emocional?

**Respuesta:** Sí, es cierto y, a la vez, no lo es. A menudo es a través del sufrimiento como la conciencia humana alcanza un nivel de madurez que produce profundas percepciones. Al mismo tiempo, una pintura, por ejemplo, o una obra musical, no puede llamarse con toda propiedad «significativa» ni mucho menos «importante» si sólo plantea problemas y no sugiere ningún tipo de solución válida para resolverlos.

En la ciencia y la tecnología, la creatividad no se valora por la complejidad de una invención como la de Rube Goldberg,* sino por su viabilidad. En realidad, cuanto más simple, mejor. A un inventor no le basta con exponer un problema; para que se reconozca su contribución a la sociedad debe aportar soluciones. La creatividad en cualquiera de sus aspectos no consiste en un laberíntico deambular en busca de un modo de evitar las dificultades, sino en la alegre exclamación de: «¡Eureka, he encontrado la salida!».

Las soluciones son difíciles de hallar racionalmente. La mente razonadora es como un barco sin timón: describe interesantes dibujos en el agua, pero carece del sentido de la dirección. El timón de la guía interior surge de los niveles superconscientes de la conciencia.

Me gustaría añadir un hecho personal. Hace muchos años, durante mi juventud, tuve la ambición de llegar a ser un dramaturgo. Me resultaba halagador

---

* Conocido dibujante de historietas americano que nació en 1883. (*N. de la T.*)

saber que numerosas personas del mundo teatral me pronosticaban un brillante futuro. (El mundillo teatral tiene fama de ser muy pródigo con sus predicciones.) Sin embargo, al cabo de un tiempo descubrí que a pesar de que quizá viajase en un vagón de primera clase en cuanto a mi conocimiento de los problemas de la vida, permanecía en uno de tercera en cuanto a ofrecer algún tipo de respuesta. En un momento de mi vida, y conocedor de la angustia emocional que sentía (como la que declaras en tu pregunta) al ver sólo los problemas, decidí que no tenía sentido inundar al mundo con mi ignorancia. En su lugar decidí dedicar mi vida a la búsqueda de respuestas. Si alguna vez llego a encontrar alguna podré entonces, si Dios quiere, compartir con los demás algo que merezca la pena.

Estoy profundamente convencido de la veracidad de que una gran obra nunca podrá producirse, como mínimo, sin la presencia de un poco de inspiración superconsciente. Dicha inspiración surge sólo —aunque fugazmente— de un estado de paz interior, la clase de paz que se consigue, de modo más directo, a través de la meditación.

◆　　◆　　◆　　◆　　◆

## Visualización

Siéntate con la espalda derecha y cierra los ojos. El siguiente ejercicio te ayudará a sumergirte en un estado meditativo.

Visualiza que desciendes por una concurrida calle del centro de la ciudad. Te hallas rodeado de una muchedumbre en la que cada individuo está concentrado en alguna actividad en especial. Los edificios de tu alrededor albergan un ingente número de personas, cada una de ellas ocupada rellenando papeles de oficina, haciendo llamadas telefónicas, dando o recibiendo importantes directrices, registrándose en un hotel o marchando de él, haciendo el equipaje o deshaciéndolo, escribiendo una carta, leyendo un libro, en pocas palabras, en las infinitas ocupaciones de una activa metrópoli.

Ahora, imagínate que todas esas personas forman parte de tu propia «población» de pensamientos. Cada una de ellas actúa movida por un deseo particular, por una tendencia o quizás unos interereses ya olvidados que conservas aún en el subconsciente. Todo ello forma parte del vasto territorio de la conciencia, que es tu propia mente.

Observa serenamente toda esta actividad y pregúntate: «¿Es esto realmente lo que yo soy? En todo ello ¿hay algo que sea lo que realmente deseo de la vida? ¿Qué puedo conseguir persiguiendo sin cesar tan diversos e incluso contradictorios objetivos e intereses?».

Reflexiona sobre la auténtica locura de estar cada vez más atrapado en tu intento de sentirte realizado a través de cosas exteriores. «Sin duda», te dices a ti mismo, «debe haber una mejor forma de conseguirlo».

Continúa descendiendo por la calle. Gradualmente la muchedumbre va disminuyendo, los edificios aparecen más bajos y menos imponentes. Tu sensación de encontrarte personalmente implicado se hace más débil.

El abarrotado centro de la ciudad ha quedado a tus espaldas. Ahora la calle permanece tranquila, la actividad en las casas se ha calmado.

Sigue la calle a medida que se aleja de la ciudad. Saborea la fresca atmósfera del campo. «Esta paz», te dices agradecido, «es lo que mi corazón realmente desea».

Disfruta de la sensación de serenidad que surge al dejar de involucrarte constantemente en las ambiciones y en los deseos mundanos.

# CAPÍTULO 2

❖

## *¿Qué es la meditación?*

Para ser exactos, la meditación se inicia cuando los pensamientos y las emociones se han serenado. Es un estado de intensa consciencia interior, un estado en que la atención no está inmersa en alentar el desfile de proyectos y problemas que la vida despliega ante nuestros ojos, sino que permanece totalmente absorta en la experiencia superconsciente. La meditación puede definirse también, en términos generales, como cualquier práctica que tenga como meta la conciencia superconsciente.

Hay tres estados de conciencia, no sólo el consciente y el subconsciente (sobre los que la mayoría de la gente tiene alguna noción), sino el estado superconsciente (que muy pocas personas conocen).

La mente consciente es nuestro estado normal de conciencia vigílica. Representa sólo una pequeña porción del total de nuestra conciencia. Una parte mucho mayor yace en el subconsciente.

El subconsciente, popularizado en los tiempos modernos a través de Sigmund Freud, es la parte oculta pero, a menudo, dominante, de nuestra psique. Cuando dormimos experimentamos una parte del subconsciente. El subconsciente está también activo durante las horas de vigilia, influencia nuestra conducta y actitudes frente a la vida. El subconsciente es como un vasto océano con un fondo de montañas, valles y extensas llanuras. La mente consciente sobresale de dicho océano como una pequeña isla. El habitante de la isla no puede ver la inmensa zona submarina que le rodea: los innumerables hábitos, las tendencias, y las impresiones que sin formar aún, subyacen bajo la mente consciente. Representan una parte más oscura pero, sin embargo, muy real, de toda nuestra conciencia.

En cambio, el supersconciente representa un grado mucho más elevado de conciencia. En realidad, es el auténtico origen de cualquier tipo de consciencia. La mente consciente y la subconsciente filtran esta conciencia más elevada reduciendo su intensidad, para expresarlo de algún modo, como el transformador que convierte una corriente eléctrica de alto voltaje en una de menor, para que podamos usarla en nuestros hogares.

El superconsciente puede compararse al espacio infinito de la bóveda celeste, con su vasta colección de estrellas. Sabemos que las estrellas siempre están allí, brillando. Sin embargo, sólo podemos contemplarlas cuando la luz del sol no inunda el cielo ocultando su luz. La luz del sol, en esta analogía, representa los pensamientos y los sentimientos generados por el ego, que ocultan la conciencia superconsciente de nuestro cielo mental. Aunque el superconsciente siempre está con nosotros, lo que ocurre simplemente es que no se manifiesta a través de nuestra conciencia normal en estado de vigilia.

El superconsciente se halla, como su nombre indica, por encima de nuestro normal estado de vigilia. Cuando nuestra mente está serena y en estado elevado, surgen ocasionalmente, de ese más elevado nivel, profundas percepciones e inspiraciones. Estas percepciones quizá consigan penetrar la luz del ego, de manera parecida a los brillantes cometas que, algunas veces, han podido verse cruzando el cielo a pleno día.

El superconsciente es el reino de la auténtica percepción. Contiene el éxtasis experimentado durante períodos de intensas plegarias o de elevación interior, cuando la agitación del ego ha sido calmada temporalmente.

La mente consciente, que depende del intelecto, busca soluciones razonables a sus problemas. La mente subconsciente influye al intelecto susurrándole arraigados sentimientos, patrones de conducta, y tendencias personales. (Nuestras decisiones conscientes no son nunca tan independientes como nos gustaría creer.) Los malos hábitos, aunque difíciles de desterrar de la mente, pueden canalizarse, mediante un constante y consciente esfuerzo hacia una dirección positiva.

El modo más directo de sintonizarnos con el superconsciente es a través de la meditación. La actitud esencial para una correcta meditación es la de escuchar. La diferencia entre orar y meditar reside en que orar es hablar con Dios y, en cambio, meditar es escuchar su respuesta.

En la meditación la mente debe mantenerse receptiva. En un estado de profunda meditación no puedes continuar pensando en tu forma habitual, sólo eres capaz de hacerlo a través de profundas percepciones e inspiraciones. No puedes fabricar la sabiduría, sólo recibirla. Una verdad debe ser percibida con la serena consciencia, es decir, con el superconsciente.

Meditar no es crear respuestas, sino percibirlas o recibirlas. Éste es el secreto de la creatividad.

Meditar es escuchar. La mente debe detener su actividad normal de analizar y ponderar alternativas, por lo general «habla» tanto que le resulta imposible escuchar las melodías del superconsciente.

Meditar es el proceso de volver a tu propio centro. Es aprender a relacionarte con la vida y con el entorno con tu verdadero ser, y no del modo cómo los demás intentan definirte.

La vida de la mayoría de la gente es como un volante excéntrico, no me refiero a un volante con una personalidad poco convencional, sino a un volante que no está centrado de manera apropiada. Cuanto más rápido gire, con mayor violencia vibrará y, al alcanzar cierta velocidad, es probable que salte en pedazos.

De igual modo, la mayoría de las personas corren el peligro de saltar en pedazos. Dan vueltas por la vida vibrando incluso con mayor violencia, puesto que han perdido su centro interior. Podría afirmarse que existen muy pocas personas que vivan cercanas a su propio centro, tal como realmente son. Viven en la periferia. Están constantemente, tal como indica la expresión popular, «Al borde de».

La mayoría de las personas son como instrumentos desafinados. Al no poder escuchar en su interior las notas básicas, se relacionan con la vida y las demás personas de un modo que sólo produce discordancias.

Meditar es la forma de «afinar» tu instrumento. Un violinista, mientras toca las cuerdas del violín, debe escuchar atentamente determinadas notas clave. Nosotros también debemos escuchar lo que la vida intenta decirnos a través de circunstancias externas o por medio de otras personas, y a través de los susurros del superconsciente.

La meditación diaria te dará la paz que has estado buscando durante tanto tiempo. La paz de tu alma te espera en el centro de tu propio ser.

Cuánto, o durante cuanto tiempo debes meditar dependerá de ti, de la intensidad de la satisfacción que te produzca la práctica de la meditación. En este caso no estamos hablando de un asado que precise un determinado tiempo de cocción, ni tampoco de distancias a recorrer, como una carrera de una milla que pueda finalizarse en menos tiempo corriendo con mayor rapidez. Yo te sugeriría que meditaras cada día, pero, esto también, depende de ti.

Cuanto más profunda y regular sea tu meditación, antes descubrirás que estás actuando siempre desde un centro de paz interior.

◆　◆　◆　◆　◆

## Preguntas y respuestas

**Pregunta:** Meditar ¿consiste en concreto en «escuchar» algo o se trata simplemente de una actitud mental receptiva, en la que escuchar es sólo una metáfora?

**Respuesta:** He utilizado la palabra de forma tanto literal como metafórica. Metafóricamente describe, como tú sugieres, una actitud de apertura y receptividad. Sin embargo, en el sentido literal, durante la meditación profunda pueden escucharse sonidos procedentes del superconsciente que ayudan a elevar la conciencia a un nivel más elevado.

Durante la meditación se pueden ver también luces sutiles, o experimentar purificados sentimientos y profundas intuiciones de sabiduría, amor y alegría. He tratado estos puntos más detalladamente en una de mis otras obras: *Superconsciousness - A Guide to Meditation*.

**Pregunta:** ¿En qué se diferencia la meditación de la autohipnosis?

**Respuesta:** La hipnosis abre la mente a los niveles más inferiores de la conciencia, incrementa nuestra susceptibilidad a las influencias subconscientes. Tanto la hipnosis como la autohipnosis pueden ser útiles para trabajar esta clase de influencias y cambiarlas si son perjudiciales. Sin embargo, ninguna forma de hipnosis sirve para mejorar el discernimiento, que desciende de un nivel de la conciencia superconsciente.

La hipnosis actúa desdibujando el umbral entre la conciencia consciente y la subconsciente. Al mismo tiempo, hace que la mente consciente se vuelva más susceptible a las influencias subconscientes en general. El efecto, sin embargo, que producen a largo plazo tanto la hipnosis como la autohipnosis es el de debilitar la fuerza de voluntad. Este efecto es especialmente insidioso si dejamos que otras personas nos hipnoticen reiteradamente.

En cambio, las afirmaciones conscientes dirigidas al subconsciente producen resultados positivos, en especial cuando se ofrecen al superconsciente, ya que la autotransformación tiene lugar cuando la decisión de cambiar está cargada con la energía de la conciencia superconsciente y puede ser, por lo tanto, totalmente absorbida en el subconsciente.

**Pregunta:** Ha mencionado la necesidad de «sintonizarnos». ¿En qué forma contribuye la meditación a que esto suceda?

**Respuesta:** Al aclarar la mente, también se clarifica el rumbo de nuestra conciencia. Vivimos, por decirlo de algún modo, en un mundo de espejos. Cada uno de nosotros ve el reflejo del mundo de energías y actitudes que ha proyectado. Cuando nos enojamos, nos da la sensación de que todo cuanto nos rodea recrudece nuestro enojo. Y cuando gozamos de paz interior, sentimos que todo el entorno refuerza positivamente esa paz.

La mayor parte de la desarmonía que experimentamos se debe simplemente al hecho de que nuestros deseos están en conflicto unos con otros. La determinación es una rara virtud. La gente desea quizás el éxito, pero teme el esfuerzo necesario para conseguirlo. Puede que desee la popularidad, pero le atemoriza el momento que se vuelva famosa; o es probable que sienta, al mismo tiempo, una gran atracción por la soledad. Quizá desee recibir amor, pero a su vez teme darlo, por si es herida. Quizá quiera viajar, pero la incertidumbre de abandonar el hogar le produce miedo.

«Las frustrantes contracorrientes», como Paramhansa Yogananda las denominó, del deseo egotista son tan complejas que no es sorprendente que muy pocas personas consigan vislumbrar fugazmente la paz interior.

Al meditar cada día se ordena gradualmente esta maraña de confusión. Hace que las separadas hebras del deseo se unan entre sí, para que finalmente puedan concentrarse en un único objetivo, como un hilo que a partir de cierto punto, puede insertarse fácilmente por el ojo de una aguja.

◆　◆　◆　◆　◆

## Visualización

(Continúa del capítulo 1)

Deja atrás la ciudad con sus preocupaciones y ansiedades. La calle que has tomado hacia las tranquilas afueras de la ciudad serpentea ahora a través de la apacible campiña. Los prados cubiertos de hierba a ambos lados del camino revelan extensos grupos de flores de alegre colorido creciendo entre los claros de los altos setos. En una lejana loma se alza altanero un robledal que alarga sus ramas saludando la tierra a sus pies. Cerca tuyo un bosque te llama: «Entra, amigo, abandona los recuerdos de tu jungla particular en nuestros plácidos senderos arbolados. Descubre aquí lo que tu agobiada vida te ha estado negando durante tanto tiempo».

Bandadas de pájaros vuelan en lo alto formando una imagen de apacible simetría. ¡Escucha! Al pasar encima tuyo te llaman: «Vuela con tu espíritu con nosotros, alto, más alto incluso, hacia lejanos países y cálidos climas, hacia la perfecta felicidad!».

Los pajaritos gorjean para ti alegremente entre los arbustos. En los árboles los trinos de las aves estremecen el aire con sus dulces melodías, la suave brisa acarrea sus notas a través de las praderas mientras juguetea meciendo la hierba de los prados, produciendo exquisitas armonías.

Y de pronto la flauta de un pastor te llama desde la lejanía ¿de dónde viene? ¡Ignoras su procedencia!

A tus espaldas, en aquella ciudad que no has podido borrar de tu memoria, late una vida de agitadas luchas y deseos. En este lugar, en cambio, estás rodeado de elevados pensamientos y nobles aspiraciones.

Las praderas salpicadas de flores, el recio robledal, el silencioso bosque invitándote a penetrar en él, los pájaros volando en formación sobre tu cabeza y sus melódicos hermanos y hermanas a tu alrededor, la feliz brisa, la flauta del pastor, todos los sonidos y las imágenes de una armoniosa campiña simbolizan tu yo interior, tus pensamientos, tus sentimientos y aspiraciones. Una vez las preocupaciones de la ciudad han dejado de asediarte, surgen espontáneamente en tu mente nobles ideales.

Escucha atentamente los sonidos a tu alrededor. Concéntrate en ellos, de uno en uno.

Ahora, percibe en ellos la combinada sinfonía de tu vehemente deseo de una mejor vida. Deja que tu espíritu vuele hacia el exterior y se eleve en un puro amor y en una pura alegría. Todo esto, te dices a tí mismo, es la auténtica clave de la perfección terrenal que durante tanto tiempo he anhelado.

# CAPÍTULO 3

❖

## *Cómo meditar*

Lo primero que necesitas para meditar bien es una actitud mental correcta, en particular, como ya te he indicado, la de escuchar.

La mayoría de la gente rara vez escucha. Es incapaz de oír la sinfonía de sonidos del mundo que le rodea. No puede escuchar a los demás, ya que está más interesada en dar salida a sus propios pensamientos. Trata a su conciencia como si fuese un defecto que hay que superar. Actúa como si permanentemente estuviese haciendo una campaña a favor de sus propias ideas. Como un apostador en una carrera de caballos deseando siempre que gane el caballo «elegido».

El proceso es interminable. Cada horizonte alcanzado, si se logra alcanzar, sólo conduce a nuevos panoramas de expectativas y deseos. Algunas personas, tras derrumbarse un deseo largamente acariciado, viven el resto de su vida sumidas en un maravilloso mundo de ensueños de Podría-Haber-Ocurrido.

¿Por qué no olvidar este proceso durante algunos minutos cada día? No sigas decretando tus opiniones al universo. Existe un estado de conciencia que precede al mismo proceso de pensar. Búscalo, yace en la calma interior. Sin duda no es fácil de hallar, pero hay algo que te ayudará a encontrarlo, es escuchar.

Escucha tus pensamientos. Escucha las cosas tal como son, no sigas empeñándote en verlas como piensas que deberían ser. Sintonízate a las cosas tal como son. Adiestra tu mente a aceptar la simple realidad.

Meditar es lo opuesto a imponer tu voluntad al resto del mundo. Abandona, aunque sólo sea durante unos minutos, el proceso de tramar planes y proyectos para el futuro. Pero no seas menos, sino más consciente. Aunque te haya sugerido que actúes con serenidad, durante los momentos de calma, debes ser también dinámicamente consciente.

En un inicio, al entrar en la quietud, no caigas en la tentación de hundirte pasivamente en una especie de semisubconsciencia. Aunque en este estado se experimente una cierta quietud, como durante el sueño, se trata de una quietud temporal que no renueva el espíritu ni tiene el poder de mejorar tu vida, a diferencia del estado superconsciente. La quietud inducida subconscientemente disminuye tu nivel de energía y tu fuerza de voluntad, y te mantiene sujeto a unos estados que deberías dominar. Para poder vencer, o incluso calmar, las tormentas de la vida, se necesita una firme voluntad y una gran cantidad de energía.

No busques la paz como cierta mujer, de la que se comentó después de fallecer su esposo: «Lo está llevando muy bien. Con los tranquilizantes que le ha recetado el médico apenas se da cuenta de lo que le ha sucedido». Este estado de inconsciencia no supone ninguna victoria ni un descanso emocional a largo plazo.

La calma que nace de la meditación profunda representa un nivel mucho más elevado de conciencia y, por consiguiente, de voluntad y energía, que cualquier otro experimentado en estados más inferiores. La calma nacida de la meditación te permitirá no sólo permanecer sereno durante los períodos de intensa actividad, sino también afrontar y aceptar con sabia comprensión los sufrimientos de la vida.

De modo que tu meta debe ser permanecer, en cualquier circunstancia, «activamente sereno, y serenamente activo».

Para desarrollar la calma interior, escucha atentamente el silencio dentro de ti. En este contexto, escuchar significa ser plenamente consciente, se refiere no a dejarse arrastrar mentalmente, sino a elevarse hacia mayores niveles de la conciencia.

En la superconsciencia no hay limitación en cuanto a las alturas que pueden alcanzarse. Este estado es natural en todo el mundo, aunque sean muy pocas las personas que lo hayan explorado. (Como Sri Krishna dijo en la sagrada escritura hindú del *Bhagavad Gita,* «De entre miles, uno solo Me busca».) Sin embargo, muchas personas han vislumbrado fugazmente la superconsciencia en momentos de quietud interior o durante el sueño. Meditar es una forma de sintonizar la mente con la superconsciencia y, cuando llegue el momento, de entrar en ese estado. Para alcanzar este nivel de conciencia lo único que necesitas es disipar la bruma de la agitación mental.

La superconsciencia es aquel aspecto de la mente que está sintonizado con el gran flujo de la vida. Para alcanzar la superconsciencia te será útil saber que se asienta en una zona del celebro, en el lóbulo frontal, detrás de la frente, en el entrecejo. Al mirar y concentrarte en este punto en un estado de profunda relajación y quietud, llegarás a ser, en su debido momento, plenamente consciente de aquel aspecto más elevado de tu ser.

El hecho de escuchar requiere, como ya he indicado, una actitud mental de receptividad. Cuanto más intensa y consciente sea tu receptividad, más profunda y satisfactoria será tu meditación. A través de la receptividad empezarás a comprender tu conexión con la vida, ya que los seres humanos son como olas en el gran océano de la existencia. Nuestra apariencia de individualidad es una ilusión producida por la consciencia del ego, y fortalecida por nuestro apego a las pequeñas preocupaciones.

El niño jugando con sus juguetes, la mujer llorando por una muerte reciente, los jóvenes amantes saltando juguetonamente en la playa, el anciano sentado en un banco del parque asintiendo con la cabeza mientras acaricia sus recuerdos: todo ello forma parte de tu mayor realidad.

No eres tan sólo Pepe o Carmen Gutiérrez con un porche que requiere una urgente reparación, con una nevera que debe llenarse de provisiones para el fin de semana, o con un apartamento que debe ser ordenado, unos hijos que deben ser recogidos de la escuela, o un contrato mercantil para preparar. Tú eres todas esas personas y muchas más.

En tu mayor realidad, eres el mismo océano de la vida.

Al ser receptivo con los sentimientos, la comprensión, y los pensamientos, desarrollarás la intuición, el distintivo de una vida superconsciente.

Por lo tanto, escucha. Sé receptivo, mantente relajado. Si no tienes la mente ni el cuerpo relajados, no serás capaz de concentrarte profundamente, ni conseguirás estar realmente receptivo.

◆　　◆　　◆　　◆　　◆

### Preguntas y respuestas

**Pregunta:** Mientras medito ¿no podría sugerirme algo para que fuera más consciente de mis pensamientos?

**Respuesta:** Lo más importante es no dejarse arrastrar por ellos. No seas como el débil nadador que se deja arrastrar por la fuerte corriente de un río. Por el contrario, debes permanecer mentalmente en la orilla observando cómo la corriente discurre a tus pies. Sé el sereno espectador del flujo de la corriente, desapégate mentalmente de él.

Imagínate la orilla en la que permaneces en la parte posterior de tu cabeza, en la región de la medula oblongada. En realidad, en esta zona se asienta la consciencia del ego. Desde este lugar observa cómo fluyen tus pensamientos y sentimientos. Mientras los observa descubre que no sólo son tus pensamientos, sino también tu percepción de aquello que es importante, lo que está pasando por tu mente. En la vida no hay nada, ni pensamientos interiores ni circunstancias externas, que sea totalmente estático. Si tienes la impresión de que un pensamiento, sentimiento o circunstancia es permanente, es sólo porque se ha quedado temporalmente enganchado en la protuberante roca del apego que sobresale del agua. En un espíritu de libertad, deja que la corriente lo libere de la roca. Contempla como aquel objeto de deseo es de nuevo arrastrado por ella.

Aparta gradualmente tu atención del incesante curso del agua. Observa serenamente la otra orilla y considérala que está situada en la zona de la superconsciencia, en el entrecejo. Dirígete más allá de él, hacia una tierra libre de problemas terrenales, en la que no existe «toda la engañosa y oscura plaga»[1] de la ignorancia.

**Pregunta:** ¿Puede serme útil escuchar también el río?

**Respuesta:** Claro que sí. En este libro he utilizado la palabra escuchar, en parte para aumentar el sentido de total absorción en la meditación. No sólo observa el río, escúchalo también. Oye su oleaje batiendo contra la orilla, aspira el olor que despiden sus aguas, pruébalas incluso. Imagina la experiencia del río con la mayor realidad posible.

**Pregunta:** Pero ¿es bueno imaginarse cosas? Al hacerlo ¿no corremos el riesgo de engañarnos? Me pregunto si la meditación no puede provocar que en nuestra mente aparezcan falsas imágenes procedentes del subconsciente, y que las tomemos por realidad. Tengo la sospecha de que las alucinaciones aparecen con mayor facilidad cuando la mente está serena. En realidad, el estado de agitación mental que nos ha aconsejado evitar, ¿no sería una ventaja contra este peligro?

1. Verso perteneciente al *Rubaiyat,* de Omar Khayyam. Paramhansa Yogananda escribió una sabia y brillante explicación sobre este antiguo poema, poniendo de relieve su profundo significado místico. La obra, titulada *The Rubaiyat of Omar Khayyam Explained,* ha sido publicada por Crystal Clarity.

**Respuesta:** ¡Has dado en el clavo! En la senda meditativa uno de los obstáculos enunciados por Patáñjali, considerado durante milenios como la máxima autoridad en el yoga, es el de las «falsas visiones».

Sin embargo, el problema no reside en la propia imaginación. La facultad imaginativa puede ser de invalorable ayuda para alcanzar la realización espiritual, o cualquier clase de creatividad. Pero el problema estriba, en cambio, en una imaginación indisciplinada.

La mente consciente está constantemente influenciada por el subconsciente, pero cuando está agitada es más influenciable, porque no está lo suficientemente concentrada en ocultar sus miedos y anhelos que se manifiestan en forma de alucinaciones, y evoca constantes vestigios de ideas carentes de fundamento. Estos vestigios alcanzan el nivel consciente, a pesar de proceder del subconsciente. De ahí que la gente crea haber detectado malicia en una frase inocente, o tenga la seguridad de haber fracasado cuando sólo se trata de un retroceso pasajero. Si la mente consciente permanece de forma pasiva abierta a las sugestiones, es influenciada con gran facilidad, y no siempre de manera constructiva. Y si se deja arrastrar ociosamente durante la meditación, como es fácil que ocurra cuando la voluntad no participa de modo activo, es muy probable que en la conciencia aparezcan imágenes puramente subjetivas que no son en absoluto superconscientes. Este proceso es una especie de ensoñación consciente. Sin embargo, al desarrollar activamente la imaginación, la mente consciente es consciente con mayor dinamismo, y gana mayor control sobre el poder de sugestión de la mente subconsciente.

La expresión artística puede ser también un medio para «domar» la mente subconsciente. Lo importante es que el artista, en lugar de abrir simplemente su mente consciente a las sugerencias del subconsciente, mantenga también el control. El método es sencillo: eleva al superconsciente cualquier pensamiento que desees darle una forma artística. Después invita al subconsciente a interactuar con aquella elevada inspiración.

La ciencia ha descubierto que las personas que se dedican a cualquier tipo de actividad creativa desarrollan las zonas del cerebro que funcionan durante aquella actividad. Los compositores y los músicos desarrollan la parte musical de su cerebro, su talento no sólo se debe a que tuvieran previamente desarrollada dicha zona. De modo similar, los pintores y los escultores desarrollan las áreas visuales de su cerebro.

Sólo con observar un artista es posible ya saber si el arte que practica es musical o visual. Si es músico, su energía tiene mayor tendencia a fluir hacia el sentido del oído, pero si es pintor, será evidente que pondrá mayor énfasis en el de la vista. He observado a menudo que los joyeros tienen unos ojos más luminosos que las otras personas. Los escritores y los compositores parecen dirigir más su energía hacia un sentido interior de la vista o del oído.

Por lo tanto, las visualizaciones dirigidas a un determinado aspecto de la búsqueda espiritual, desarrollan aquellas áreas correspondientes en el cerebro. Por ejemplo, las visualizaciones dirigidas al entrecejo desarrollan el lóbulo frontal del cerebro, situado en esa zona en particular. Cuanto más consigas concentrate en dicho punto, con mayor rapidez te llegarán las experiencias superconscientes.

**Pregunta:** Si no soy Pepe o Carmen Gutiérrez, o quienquiera que sea, ¿por qué tengo la sensación de que mi propio cuerpo y mi personalidad me definen totalmente como soy en realidad? ¿No es cierto que si disuelvo esta identidad podría disolverse también mi ser? ¿Cómo puedo disolver mi cerebro sin perder la conciencia? La propia conciencia ¿depende de la actividad cerebral?

**Respuesta:** Éste es un grave error que la gente moderna comete, en especial los científicos. Decir que el cerebro es el que produce la conciencia, sería como afirmar que un ordenador, que en tantas ocasiones por su funcionamiento se ha comparado con el cerebro humano, es el que produce la conciencia. Por el contrario, la conciencia precede a la creación del cerebro y el cuerpo. Para poder pensar debe existir una conciencia, no es el pensamiento el que la produce.

La conciencia es anterior a la manifestación del ego. La realidad del alma es intrínseca a la realidad de la vida. El alma siempre es consciente. El ego, como una ola en la superficie del océano, sólo es una manifestación de una conciencia más profunda del alma. Paramhansa Yogananda definió el ego como «el alma identificada con el cuerpo». El ego se trasciende finalmente en un estado de éxtasis. Como Jesucristo dijo: «Aquel que quiera salvar su vida la perderá; pero aquel que pierda su vida por mi causa, la salvará» (Lucas 9, 24). Es decir, la consciencia del insignificante yo debe ser ofrecida a la vasta conciencia de la infinidad. El aliciente de ser mártir, que fue como muchos de los antiguos cristianos interpretaron este pasaje, palidece frente a la llamada de una total trascendencia del ego. La realización personal consiste en la consciente realización de que uno forma una unidad con la Fuente de la vida, que es infinita.

**Pregunta:** En este caso, ¿es el ego, como tantos autores espirituales han afirmado, nuestro mortal enemigo?

**Respuesta:** Sí, es nuestro enemigo, pero también es nuestro amigo, dependerá de si la meta de nuestra vida es ampliar nuestra comprensión o permanecer eternamente atascados en nuestro actual nivel de evolución espiritual. Si aceptamos expandirnos hacia más amplias realidades, el ego será nuestro amigo y nos ayudará a alcanzar el auténtico Yo: el alma. Pero, si por el contrario, decidimos encogernos en una estrechez de miras y en el egoísmo, el ego será nuestro enemigo y nos alienará de quien realmente somos.

Nuestro verdadero yo no es el ego, sino el alma. La mentalidad mundana puede llegar a empañarla, pero nunca podrá destruirla. El ego tiene dos elecciones: Ser partidario de la limitación, y en consecuencia sufrir, o ir en pos de la libertad y la alegría infinitas.

◆　◆　◆　◆　◆

## Visualización

Continúa la visualización que has aprendido en los dos primeros capítulos.

Imagínate andando por el camino que discurre por la campiña. Escucha de nuevo el canto de los pájaros. Siente cómo toda la naturaleza te refleja las aspiraciones de tu alma.

Ahora, el camino desciende y te conduce a la orilla de un río, pero es demasiado ancho y profundo para que puedas cruzarlo fácilmente.

Detente en la orilla y observa cómo fluye la corriente frente a ti, que sea rápida o lenta dependerá de tu propio estado mental, ya que el río también es una parte de tu ser. Su flujo es la corriente de tus pensamientos y tus sentimientos.

Observa la otra orilla. Contempla, aunque de momento interrumpida, la nueva etapa de tu viaje. En aquella orilla un atrayente camino discurre hacia una lejana y luminosa puesta de sol, que irradia una dorada luz sobre las altivas cimas de las montañas. Tu corazón anhela ir, desea cambiar el mundo de esclavitud y sufrimiento por aquella tierra de paz y eterna libertad.

Desde la orilla donde estás, imagínate que este lugar está situado en la parte posterior de tu cabeza, en la región de la medula oblongada, en la base del cerebro. Aquella lejana tierra de libertad está más allá del entrecejo. El río fluye en el centro de tu cerebro, entre ambas regiones. Observa el mundo de la otra parte del río, sólo sé ligeramente consciente del fluir del agua. No te identifiques demasiado con aquello que siempre está cambiando.

Sabes, que de algún modo, debes cruzar ese río de pensamientos y sentimientos motivados por el ego. ¿Cómo puedes lograrlo? Una de las formas sería observando con sereno desapego cómo el río se va desecando gradualmente, ya que dejas de suministrarle más agua. Cuando el cauce se seque, podrás cruzarlo simplemente andando.

Puedes, también, a través de una enorme fuerza de voluntad, concentrar toda tu energía en dividir el agua, abriendo un pasadizo por el que cruzar el río.

Pero mientras, libera tu mente del flujo de pensamientos y sentimientos que obstruyen tu camino. Para progresar hacia la libertad del alma no debe quedar ningún obstáculo.

Long Beach Public Library
RECEIPT
Patron: SIERRA, GRISSELDA V
07-29-2015 5:17PM


INVOICE #: 295237
STATUS: Overdue
DESCRIPTION: La biblia de los cristales
AMOUNT OWED: $2.80
AMOUNT PAID: $2.80
BALANCE: $0.00


INVOICE #: 295238
STATUS: Overdue
DESCRIPTION: Solomon habla : sobre recon
AMOUNT OWED: $2.80
AMOUNT PAID: $2.80
BALANCE: $0.00


Total Paid: $5.60

# CAPÍTULO 4

❖

## *Preparativos para la meditación*

Es importante prepararse adecuadamente para la meditación. Si, por ejemplo, intentas meditar tras una copiosa comida, tu energía estará ocupada en el proceso de la digestión. En realidad, la energía que tu cuerpo utiliza para la digestión es la misma que la que tu mente emplea para concentrarse profundamente. Y si tu energía está ocupada en el estómago, no tendrás toda la necesaria para meditar con eficacia.

Y si no, prueba de hablar de filosofía abstracta tras una copiosa comida. Te perderás algunos de los puntos más importantes de la conversación; o descubrirás que las ideas se te escabullen al intentar atraparlas. Y si fuerzas la concentración, al dirigir de nuevo la energía al cerebro, es muy probable que sufras una indigestión.

Antes de disponerte a meditar come sólo frugalmente. Mejor aún, no comas nada, es decir, después de cada comida espera unas dos o tres horas.

Los mejores momentos para meditar son, teniendo en cuenta el estilo de vida moderno, al despertar por la mañana, antes de las comidas, y por la noche, antes de acostarse.

Hay, además, otros períodos considerados universalmente propicios para la meditación, aunque quizá no se adapten tanto al ritmo de vida actual. Son, aproximadamente: las 6 de la madrugada, las 12 del mediodía, las 6 de la tarde, y a la medianoche, las horas del movimiento solar. Como este movimiento varía, las recomendaciones son sólo a título general. Para ser más precisos, los mejores momentos del día son durante la salida y la puesta del sol.

Se recomiendan especialmente estos cuatro momentos porque son los que corresponden al cambio de las energías en la atmósfera terrestre. En cada uno de estos cambios la naturaleza experimenta un «momento de quietud». Es como la pausa que tiene lugar al echar una pelota al aire, antes que empiece a descender. Si meditas, aproximada o exactamente, en estos momentos de quietud de la naturaleza te será más fácil lograr la serenidad mental.

Sin embargo, si tu programa diario no te permite seguir estos períodos clásicamente recomendados, no te preocupes. El beneficio de meditar durante estos momentos especiales de la naturaleza es secundario, lo más importante es la meditación en sí. En este caso, elige simplemente los momentos que más te convengan. Pero te sugeriría firmemente que intentes meditar cada día a la misma hora. De ese modo crearás un patrón de conducta que te ayudará a dejar de lado los agitados pensamientos cuando te sientes a meditar.

Las energías atmosféricas que antes he mencionado son sutiles, pero reales. Empezarás a sentirlas a medida que la meditación te ayude a desarrollar tu sensibilidad.

Muchas sociedades han puesto de relieve, de un modo u otro, la importancia de vivir en armonía con las energías de la tierra. Algunas de ellas han sido las que gran número de occidentales consideran actualmente como «primitivas». (Tachar a cualquier sociedad de primitiva ¿acaso no demuestra arrogancia? Ahora recuerdo una pregunta que alguien formuló a Mahatma Gandhi. «¿Qué piensa...», le preguntó una

persona del público, «de la civilización occidental?».
El líder hindú respondió irónicamente: «¡Creo que
sería una buena idea!») Otras civilizaciones más avan-
zadas «y por ello más aceptadas» han considerado las
sutiles energías de la tierra muy en serio. Ya he tratado con cierta profundidad este aspecto más bien teó-
rico del tema en mi obra *Superconsciousness - A Guide
to Meditation*.

En la atmósfera, aparte de estas energías, también
hay otras. Algunas de ellas, y no me estoy refiriendo a
la fuerza de la gravedad, impulsan la fuerza vital del
cuerpo hacia abajo.

En la meditación la fuerza vital ha de fluir hacia el
cerebro. Para aislarte de esta clase de energías, no necesitas utilizar ningún aparato electrónico de última
tecnología, una simple manta de lana te servirá. Una
piel de ciervo es todavía más efectiva. Siéntate sobre
una u otra mientras meditas. Aunque no experimen-
tes conscientemente sus beneficios, piensa que esta
práctica procede de personas que tras desarrollar su
conciencia durante años de meditación, llegaron a estar sutilmente en consonancia con las energías de la
tierra. La habilidad de los yoguis para hacer este tipo
de observaciones es tan natural como tu capacidad
para explicarle a un ermitaño del Himalaya cómo co-

locar una antena de televisión para mejorar su recepción.

Una forma todavía mejor de aislarte sería colocar una tela de seda sobre la manta de lana o la piel de ciervo.

La dirección hacia la que uno se orienta al sentarse a meditar afecta también la concentración. Pero insisto, de nuevo, que ni el momento del día, ni el hecho de aislarse, ni la orientación son esenciales. Se trata sólo de simples ayudas.

No obstante, si puedes, siéntate orientado hacia el este. Pero si la disposición de tu hogar te lo impide, siéntate de cara al norte.

La iluminación, según numerosas tradiciones antiguas, nos llega del este, no quiero decir de Oriente, sino que llega del este en relación al lugar donde uno se halla.

Según ciertas tradiciones antiguas, la liberación espiritual llega, de manera similar, del norte. Ya que nuestro propósito es liberarnos de la esclavitud del ego, desde este punto de vista es interesante tener en cuenta la dirección norte. Por ejemplo, en el momento de la muerte, los yoguis consideran que es beneficioso dirigir la cabeza hacia el norte. Y cuando alguien desee meditar para liberarse de las preocupaciones mundanas, es indicado que dirija la cara hacia el norte.

Intenta ponderar estas afirmaciones a la luz de tus conocimientos sobre la vida y la historia. El flujo de la civilización ¿acaso no parece haberse dirigido hacia el oeste? ¿Y acaso no parece que es del norte de donde desciende un mayor espíritu de libertad? Creo que esto es aplicable a todos los países, aunque no he estudiado exhaustivamente el tema. Por otro lado, el espíritu de ortodoxia y de fidelidad a la tradición parece llegar del sur de cada país y fluir hacia el norte.

Este fenómeno se manifiesta de distintas formas. El deseo de libertad, por ejemplo, puede expresarse como un espíritu de rebelión en algunas personas y, en otras, como un anhelo de liberarse de la esclavitud espiritual. El espíritu de ortodoxia puede manifestarse también en unas personas como una negativa a mejorar y, en otras, como la lealtad a unos valores que el paso de los siglos ha demostrado ser auténticos.

En la meditación, un aspirante espiritual, desea, por lo general, tanto la iluminación (energía procedente del este) como la libertad del alma (energía que llega del norte). La dirección hacia el oeste es más indicada para dar, que para recibir. En la meditación la persona debería buscar recibir en lugar de dar (excepto, como es natural, si se elige compartir más tarde con los demás los frutos de la meditación). Por lo tanto, la dirección apropiada para meditar es el este.

Ahora bien, la dirección sur es adecuada para afirmar el statuo quo, no para rebelarse contra él. Pero como en la meditación uno debe liberarse de los patrones mentales del ego, para quienes mediten el norte es más indicado que el sur.

Pero la pregunta ha quedado aún sin responder: ¿qué es mejor para meditar el este o el norte? La iluminación debe llegar antes de alcanzar la liberación, por lo tanto, para el aspirante espiritual el este es más adecuado. Pero si el norte te resulta más indicado para meditar, ésta dirección también es correcta.

Si puedes disponer de un lugar determinado para meditar, hazlo. Lo más idóneo sería tener una habitación dedicada exclusivamente a la meditación, pero si no te es posible, puedes separar una parte de tu dormitorio con un biombo. Este espacio te permitirá ir acumulando en su interior las vibraciones de la meditación. Y, al cabo de algún tiempo, te sentirás sereno sólo con entrar en él.

¿Y qué decir sobre la postura? ¿Existe alguna posición mejor que otra para meditar?

Quizá pienses que la posición más relajada sería la de permanecer tendido boca arriba en el suelo. Bien, puede que sea la más relajada, pero no la más indicada para meditar. El problema de la postura supina es que propicia el caer en la subconsciencia. La meditación debe conducirte hacia la paz superior del superconsciente.

En la Iglesia cristiana occidental, la postura tradicional para rezar es de rodillas. En la Iglesia ortodoxa oriental la gente reza y rinde culto de pie. La postura de rodillas ayuda a inducir un espíritu de humildad. Permanecer de pie expresa un respeto formal hacia Dios. El problema que entrañan ambas posturas en cuanto a la meditación es que no favorecen la relajación. En la meditación aspiras a elevarte por encima de la consciencia del cuerpo, y permanecer tenso significa seguir atado al cuerpo.

Sin embargo, es absurdo intentar impresionar a Dios con tu humildad o tu respeto hacia Él, ya que conoce cada ola de sentimientos de tu corazón. Es imposible ocultarle nada. Olvidarte de ti mismo es ya suficiente. En realidad, la mejor definición de humildad es la de olvidarte totalmente de ti mismo. Y la más excelsa expresión de respeto es la de conseguir permanecer totalmente absorto en la contemplación de Dios.

La humildad no consiste en rebajarse uno mismo, como tanta gente cree, sino en trascender el insignificante yo rindiéndolo al infinito amor y a la sabiduría de Dios. Los fieles que se inclinan al suelo siguiendo el ritual una vez tras otra, y se arrojan polvo sobre la cabeza de manera figurada, se fijan con tanta exageración en su propia indignidad que a menudo se olvidan de Dios.

¿No es cierto que no somos nada ante Dios? Siendo así, ¿por qué no dejar de pensar en ese «nada» y entregarnos totalmente a Él? A menudo, las muestras exteriores de humildad de la gente sólo expresan orgullo.

Un amigo mío judío me contó la historia de un rabino que un sábado, estando en la sinagoga, fue ante el altar y arrodillándose gritó: «¡No soy nada! ¡No soy nada!».

El rabino auxiliar, inspirado por esta muestra de humildad, le imitó. Se arrodilló de igual modo frente al altar clamando: «¡No soy nada! ¡No soy nada!».

En aquel momento el portero, movido por el ejemplo de ambos, recorrió corriendo el pasillo, y se arrodillo ante el altar gritando: «¡No soy nada! ¡No soy nada!»

El rabino, con expresión socarrona, se volvió hacia su ayudante y le dijo: «¡Caramba, mira quién cree no ser nada!».

La meditación acostumbra a practicarse como un acto de devoción, pero no significa que sea imprescindible. Su verdadero propósito es ayudarnos a percibir en los niveles más profundos de nuestro ser, en nuestra más profunda naturaleza, quien somos en realidad. Si para ti esta búsqueda significa sondear tu ego hasta sus más recónditas profundidades, en ese caso es innecesaria una actitud de devoción. Pero si consideras que sólo Dios es tu verdadero Yo, la devoción aparecerá de modo natural. En ambos casos, cuanto más profundamente penetres en el corazón de la verdad, con mayor espontaneidad surgirán sentimientos de devoción de tu interior. Ya que la verdad de quién eres en realidad, que se oculta tras tu ego, es impresionante.

Sin embargo, por el momento quizá sólo pretendas encontrar la paz de la mente. En este caso, ello también es meditar. Lo importante es disfrutar de serenidad interior, y el primer paso para obtenerla es una gran relajación.

La mejor postura para alcanzar dicho estado es la que se recomienda en Oriente: sentarse.

Puedes sentarte en el suelo en la postura tradicional, cruzando las piernas, o bien en una silla, no tiene demasiada importancia. Sin embargo, sentarse con las piernas cruzadas tiene sus ventajas. La postura del loto, por ejemplo, y algunas de las otras posturas recomendadas tradicionalmente en las enseñanzas de yoga, presionan ciertos nervios del cuerpo, e inducen la relajación física. Para muchos occidentales el inconveniente de estas posturas es que sus cuerpos están acostumbrados a permanecer sentados en sillas. Pretender relajarse mientras sus piernas se doblan de un modo que parece la imposible forma de un *pretzel*,* no sólo es muy difícil, sino que a muchos occidentales les resulta incluso imposible. Para ellos la cuestión de elevarse por encima de la consciencia del cuerpo sigue siendo dudosa. En lugar de preguntarse: «¿Cuándo se elevará mi espíritu?», se preguntan desesperados: «¿Volveré a andar?».

En realidad sólo se necesitan dos cosas: mantener la columna derecha y el cuerpo, relajado. Mantener la columna erguida es importante por dos razones: la pri-

---

* Galleta salada en forma de ocho. (*N. de la T.*)

mera porque induce una actitud mental positiva y, la segunda, porque facilita que la energía vital fluya hacia el cerebro. De modo que siéntate en una silla, si lo prefieres, pero siempre manteniendo derecha la columna.

Si te sientas en una silla, elige una sin apoyabrazos. La manta de lana (y la tela de seda, en caso de cubrir la manta) deberá colocarse a partir del respaldo de la silla, cubriendo el asiento hasta llegar debajo de tus pies.

Coloca las manos con las palmas hacia arriba sobre los muslos, en la unión con el abdomen.

Mantén los codos hacia atrás, los omoplatos ligeramente cerca el uno del otro y el pecho salido. Mientras procura relajarte. No permanezcas tenso.

El mentón debe permanecer ligeramente hacia atrás, paralelo al suelo.

Dirige la mirada hacia arriba y cierra los ojos.

En el siguiente capítulo trataremos con más detalle cómo relajar el cuerpo.

◆　◆　◆　◆　◆

## Preguntas y respuestas

**Pregunta:** Ha mencionado usted los «momentos de

quietud». Estos momentos de quietud de la naturaleza objetiva ¿son comparables a las funciones corporales?

**Respuesta:** Lo son, naturalmente, ya que forman parte de la naturaleza de forma inextricable. De ahí nuestra resonancia con los acontecimientos externos de la naturaleza. Por ejemplo, entre cada respiración y la siguiente, hay un momento de quietud, y lo hay también entre cada exhalación e inhalación. Mientras meditas descubrirás que fijarte en la respiración es una buena práctica. Concéntrate, en especial, en las pausas entre cada respiración, disfruta de ellas.

Sé consciente también de las pausas en otros momentos de quietud de tu vida: al final de una secuencia de pensamientos o sentimientos; en el momento de cambiar tus actividades; en el momento de despertarte o de conciliar el sueño. Aprende a saborear más estas pausas, no ahogues tu consciencia en un torbellino de constante actividad.

Una buena técnica para cambiar la dirección de aquello que no te guste en tu vida, el estar de mal humor, por ejemplo, o tener ataques de celos, de ira o de desesperación, es hacer una pausa, tanto física como mental, y utilizarla después para establecer el cambio deseado. Puedes hacerlo del siguiente modo:

Inhala el aire y tensa el cuerpo; y exhálalo y relájate. Después permanece sin respirar tanto tiempo como puedas hacerlo sin sentirte incómodo. Mientras mantén la mente vacía de pensamientos. Cuando necesites volver a inhalar, efectúalo pensando en aquella energía opuesta al mal hábito que deseas cambiar. Al mismo tiempo, llena la mente de pensamientos felices y constructivos: si tu problema son los celos, con pensamientos de bondad y aceptación hacia todo el mundo; si es la ira, con pensamientos de serenidad, desasimiento y buen humor; si se trata de la desesperación, con pensamientos que inciten valor.

◆　　◆　　◆　　◆　　◆

## Visualización

Continúa la visualización que hemos seguido hasta ahora. Sigue de pie en la orilla del río, observa la otra ribera y prepárate para cruzar el río, siente todavía, en la parte posterior de tu cerebro, la necesidad de calmar aquellas corrientes de actividad del ego, de agitados pensamientos, sentimientos y deseos.

Ahora ábrete mentalmente el mundo que te rodea. Siente las influencias de las energías sutiles y la forma cómo te afectan. Absorbe las energías benéficas. Protégete de las energías dañinas encerrándote en una esfera de luz. Canta para tus adentros: «¡Soy luz! ¡Soy paz! ¡Soy amor!». Sólo siento una radiante luz, paz, y amor que me dan plenitud».

Medita sobre el pensamiento del divino poder protector que te envuelve y abraza.

# CAPÍTULO 5

❖

## *Cómo relajar el cuerpo*

La mejor forma de relajar el cuerpo es tensándolo primero, para igualar el grado de tensión en todo él. Después, al relajarte, descubrirás que tu cuerpo libera tensiones que ignorabas por completo.

Este método sirve también en caso de tensión emocional. A menudo la liberación de la tensión emocional sólo llega después de que una emoción haya alcanzado la máxima intensidad. Antes de llegar a ese punto de intensidad quizá la emoción no se haya definido con suficiente claridad para poder reconocerla plenamente.

Los defectos psicológicos son también difíciles de tratar en tanto la mente siga alimentándolos con la escasa energía de un caballo de fuerza. Una persona puede parecer inocua hasta que su excelente salud y sus renovadas energías saquen a la luz una veta mezquina que desde siempre llevaba oculta en su interior.

Las pruebas y los sufrimientos espirituales son una bendición, en el sentido que contribuyen a crear una determinada tensión en nuestros defectos, y ello nos permite percibirlos. La serena aceptación que surge tras haber vivido una prueba suele ir acompañada de la liberación del defecto.

De modo que, tanto para relajarte físicamente como para meditar profundamente, primero debes tensar todo el cuerpo y a continuación relajarlo.

Empezaremos respirando varias veces lenta y profundamente para liberar la circulación sanguínea de cualquier exceso de anhídrido carbónico. Si dispones de tiempo, practica el siguiente ejercicio:

1. Inhala contando mentalmente hasta 12.
2. Retén la respiración contando hasta 12.
3. Exhala contando de nuevo hasta 12.

Repite este proceso de seis a doce veces. Inhala después profundamente y tensa todo el cuerpo, no de golpe, sino con lentitud, empezando por una suave tensión que irás aumentando de manera gradual hasta que sea altamente ostensible. Imprime tal fuerza a la tensión que hagas vibrar el cuerpo. A continuación expulsa de golpe el aire y libera las tensiones del cuerpo. Repite el proceso una o dos veces más.

A partir de este momento es muy importante mantener el cuerpo inmóvil. Al principio quizá te resulte difícil permanecer sentado totalmente inmóvil, ya que estás acostumbrado a moverte constantemente. Cuando decidas estarte quieto quizá descubras que deseas moverte nerviosamente. Sin embargo, cuanto más tiempo consigas permanecer con el cuerpo totalmente inmóvil, más fácil te resultará seguir haciéndolo. Tu inquietud física desaparecerá al cabo de cinco minutos y no tardarás en descubrir que estás disfrutando del sentido de libertad de ser consciente del cuerpo.

Recuerda, depender de los músculos equivale a ser esclavo del cuerpo. Abandona mentalmente el cuerpo, e intenta sentir la espacialidad.

Visualízate rodeado de espacio, a tu alrededor sólo hay espacio. El espacio penetra por todos los poros de tu cuerpo como una emanación de pura luz; todo tu cuerpo se anega de espacio, y experimentas una absoluta relajación.

Compruébalo mentalmente en todo momento y asegúrate de que tu cuerpo continúa relajado. Si sientes cualquier tipo de tensión, concéntrate en ella y visualízala impregnada de espacio o de pura luz. O si tu cuerpo empieza a tensarse, efectúa de nuevo una inhalación, ténsalo, y a continuación expulsa el aire y relájate.

La relajación psicológica es también importante. Si tu mente está tensa, no podrás meditar con profundidad, en realidad serás incapaz de hacerlo. Entre las principales causas de tensión psicológica se cuentan los sentimientos de hostilidad, y de furia competitiva, y el deseo de ejercer de algún modo el poder sobre otras personas o sobre circunstancias objetivas.

Para relajarte mentalmente dirige tu atención al corazón. Imagina que allí hay una luz blanca de gran pureza. Visualiza cómo ésta fluye al exterior irradiando amor y armonía hacia el mundo que te rodea. El corazón es el centro de los sentimientos emocionales. Si las emociones son generosas y serenas, se transforman en intuición, y generan una expansión de libertad interior. Pero si son egoistas o agitadas, producen sólo confusión y un sentimiento de esclavitud interior.

La energía que fluye del corazón de la mayoría de la gente tiene el efecto de hacerla enredar en cosas, en circunstancias, y en la vida de los demás. Este tipo de personas están llenas de deseos y aversiones, y se aferran a otros rayos de energía para poder poseerlos, o para luchar contra ellos con la esperanza de subyugarlos o de vencerlos.

En lugar de ello, imagina que en tu corazón hay una bondadosa luz. Irradia esa luz al exterior, bendiciéndolo todo. Bendice mentalmente todas las personas que están cerca de ti, envía después las bendiciones de tu corazón a la gente de todos los países, de cualquier lugar. Irradía amor hacia todas las criaturas, hacia todas las cosas. Bendice las rocas, los desiertos, los vastos océanos y las altas montañas. Rodea al mundo entero con una aura de luz, amor y alegría, porque todo tiene vida. Todos los seres, todas las cosas manifiestan un determinado grado de consciencia. Forman parte de la misma vida eterna que a ti te anima.

Cuanto más te conviertas en un canal de paz y bendición hacia todo el universo, más lleno de paz interior y de bendiciones te sentirás.

◆　◆　◆　◆　◆

### Preguntas y respuestas

**Pregunta:** Ha mencionado la bendición de las pruebas espirituales. (¡La mayoría de nosotros pondríamos la palabra bendición entre comillas!) ¿Cuál es el mejor modo de afrontar esas pruebas? Si para relajar el cuerpo lo mejor es concentrarse aumentando la tensión y soltándola después de golpe, ¿no será preferible para superar las pruebas concentrarse en la tensión que éstas crean? Para hacer desaparecer totalmente el sufrimiento emocional ¿deberíamos, por ejemplo, agudizarlo primero? O para liberarnos totalmente de un defecto espiritual ¿deberíamos acentuar antes el sentimiento de culpa que nos provoca?

**Respuesta:** Este punto es importante. A veces puede ser necesario aumentar el sufrimiento como un medio para ayudarnos a vencer la causa de aquel sufrimiento en particular. Ahora bien, hay una diferencia entre sufrimiento y dolor, es decir, entre la experiencia en sí misma, y la agitación mental que aparece en respuesta a esa experiencia.

La correcta actitud espiritual hacia cualquier tipo de sufrimiento es el desapego mental. Mejor aún, añade a ese desapego el ingrediente del amor. El amor te ayudará a elevarte por encima del sufrimiento.

Pero no debes nunca rendirte al dolor que sientas. Si lo haces, en lugar de disminuirlo, incrementarás el poder que ejerce sobre ti. Sí, esta porción de mal karma se agotará por sí misma cuando llegue el momento, pero la ignorancia de tu mente que lo ha creado seguirá fuertemente arraigada, y germinará como una semilla produciendo un nuevo sufrimiento. Las personas que piensan que para superar la cólera hay que intensificarla primero —incluso gritando o arrojando objetos contra la pared— aunque consigan con ello hacer desaparecer el enfado temporalmente, en realidad lo que están haciendo es afianzar su cólera en el subconsciente. Las afirmaciones negativas no pueden producir una auténtica relajación.

Incluso durante la tensión que precede a una profunda relajación física la mente no debe permanecer tensa, sino serena. De lo contrario, la relajación sería sólo momentánea. Y si la mente reconsidera su posición y decide que después de todo no puede relajarse, el cuerpo volverá a tensarse. Cuando tenses el cuerpo antes de relajarlo, dirige tu atención hacia la medula oblongada, en la base del cerebro. Desde ese punto observa el entrecejo, lugar donde se asienta la fuerza de voluntad y la iluminación. Y al relajar el cuerpo deja que tu relajación libere la energía que necesitas para fluir hacia ese punto.

El modo de vencer las pruebas espirituales es permaner sereno. Las «pruebas», como Paramhansa Yogananda dijo, «deben afrontarse con serenidad y una buena actitud».

El beneficio no surge de la intensidad emocional, sino de la serenidad resultante de percibir cualquier tipo de emoción con el ánimo tranquilo y, como dice el refrán, de percibirla totalmente. Cuanto antes nos serenemos, con mayor rapidez venceremos el defecto. Ésta es una de las razones por las que los verdaderos cambios de la naturaleza humana surgen esencialmente del contacto con la superconsciencia.

**Pregunta:** Nos aconseja relajarnos profundamente, pero al mismo tiempo, subraya que debemos ser dinámicamente conscientes. A mi modo de ver, el ser dinámicamente consciente implica utilizar la fuerza de voluntad, y ello exige esfuerzo. ¿Cómo podemos resolver el conflicto entre «intentarlo arduamente» sin tensarnos?

**Respuesta:** Es importante diferenciar entre un tenso esfuerzo (una actitud engendrada por una lucha hacia el exterior) y el hecho de permanecer absorto en una relajación más profunda. La fuerza de voluntad es necesaria, pero al principio debemos emplearla en profundizar el goce de la relajación.

**Pregunta:** ¿Hay algún modo de ser más consciente de una emoción, como medio para liberarse de ella?

**Respuesta:** Debes procurar no reafirmar su realidad a través de ser consciente de ella. Puedes disminuir su sensación de realidad observándola con sereno desapego. No reafirmes su realidad.

Después haz más clara esta observación imaginándote la emoción en su forma más extrema. Visualiza el perjudicial efecto que causa en ti mismo y en los demás. Visualiza cómo distorsiona tu capacidad de comprender cualquier cosa con claridad. Observa cómo enturbia tu percepción de otras realidades de mayor vastedad, y comprueba cómo contrae tu atención en una actitud egocéntrica.

Observa cómo a través de esta actitud egocéntrica quedas aprisionado en tu propia pequeñez. Al mismo tiempo, acuérdate de ser un simple espectador que no se apega a la actividad del ego, ya que autojustificarse sólo produce el efecto contrario, odiarse y culparse a uno mismo.

Una vez hayas percibido la emoción con claridad, con todas sus ramificaciones, te será más fácil liberarte de ella. Cuando lo hagas, ofrécela a la libertad interior de tu alma, en el centro del entrecejo.

◆　　◆　　◆　　◆　　◆

## Visualización

Continúa la visualización de los capítulos anteriores.

De pie, en la orilla del río, visualiza el centro de tu corazón. El oleaje que fluye de la conciencia puede calmarse por medio del amor. Tal como te he sugerido en este capítulo, bendice a todo el mundo desde el fondo de tu corazón.

Mientras lo haces, observa cómo la corriente del río cambia de aspecto. La superfície ya no se agita con innumerables olas, se ha calmado. Ahora contempla, en la serenidad del agua, el reflejo de «La Tierra Prometida». Con un intenso anhelo desplázate mentalmente al paraíso.

# CAPÍTULO 6

❖

## *La concentración*

Ha llegado el momento de examinar con mayor profundidad el significado de concentrarse en el entrecejo.

Este punto se conoce como el centro de Cristo o, en sánscrito, *como Kutastha Chaitanya*. Es aquí que el meditador, cuando está profundamente concentrado, contempla el ojo espiritual o tercer ojo, un fenómeno conocido desde la antigüedad.

Las leyendas de hace miles de años describen que el tercer ojo está situado en medio de la frente. Aunque algunos artistas lo hayan representado como una media luna, los eruditos modernos afirman que este concepto no es real, sino puramente simbólico. Pero, en este caso, son muy pocos los que conocen las prácticas meditativas, el conocimiento que admiran es sólo intelectual. Ha sido interesante para mí, a lo largo de los años, al describir el ojo espiritual a personas que empezaban a meditar, oír que algunas exclamaban: «¡Oh, de modo que era esto lo que he visto!». Posiblemente el ojo espiritual pudo habérseles aparecido en un inicio, al intentar calmar su mente, o incluso mientras estaban a punto de caer dormidos.

El ojo espiritual es un reflejo de la luz astral[1] en la medula oblongada. El centro de Cristo, lugar en que está ubicado, representa el polo positivo de la medula, que es, como ya he indicado, donde se asienta la consciencia del ego. Al contemplar esta luz con absoluta perfección, adquiere la forma de una estrella de cinco puntas sobre un fondo de luz azul oscuro o violeta, circundada por un brillante aro dorado. En estado de éxtasis la conciencia penetra el ojo espiritual y entra en los reinos internos. Realmente, como Jesucristo afirmó: «El Reino de Dios reside en nuestro interior».

---

1. El mundo astral es un reino sutil de energía que yace tras este universo material, creándolo y definiéndolo. Para una descripción más completa, véase el capítulo 31 de la obra *The Rubaiyat of Omar Khayyam Explained*, Paramhansa Yogananda, ed. Crystal Clarity.

## La concentración

La conciencia de la mayoría de los seres humanos está centrada en la medula oblongada. Todo cuanto hacen, piensan y perciben, al estar centrado en la consciencia del ego, surge de este punto de la conciencia.

En cambio, la conciencia de los seres iluminados, está focalizada en el centro de Cristo, en el entrecejo. Todas sus acciones, pensamientos y percepciones se originan en este punto.

Es conveniente que te vuelvas más consciente de la medula, ya que para poder llegar al centro de Cristo, tu conciencia y energía deberán pasar a través de este punto. El objetivo, sin embargo, es llegar al centro de Cristo. Permanecer bloqueado en la médula significaría alimentar la consciencia del ego. (Observa, en este contexto, en qué forma la gente orgullosa suele mantener y mover su cabeza.)

Al meditar, concéntrate en el entrecejo. Dirige tu mirada hacia arriba, no cruces los ojos, mira hacia un punto más allá de tu frente, aproximadamente a la distancia en la que quedaría tu pulgar si extendieras el brazo encima tuyo. Pero no pretendas ser demasiado exacto, lo importante es dirigir la atención al entrecejo.

¿Recuerdas las señales que se solían ver en los pasos a nivel de los ferrocarriles rurales? «¡Detente, mira, escucha!». Eso es lo que ahora debes hacer.

*Detente,* deja de preocuparte y de planear. El mundo seguirá estando allí cuando acabes de meditar. Deja que las cosas, durante este breve período, se resuelvan por sí solas.

No *te limites a mirar,* observa profundamente la oscuridad que contemplas en la zona del entrecejo al cerrar los ojos. Cuanto más intensamente observes, con profunda serenidad, con mayor rapidez contemplarás en el centro de esa oscuridad una zona en forma de isla de luz azulada o violeta, rodeada quizá de un tenue círculo blanco. Al principio puede que la luz sea muy débil, pero irá adquiriendo la forma de lo que, con el paso del tiempo, será el ojo espiritual.

*¡Escucha!* no sólo con los oídos, sino con todo tu ser. Debes sentirte en resonancia con las vibraciones del silencio interior.

Los griegos de la antigüedad, más en íntimo contacto con las enseñanzas orientales que la mayoría de la gente, lo denominaban «la música de las esferas». Era ésta una poética descripción de un fenómeno tratado ampliamente por los sabios de la antigua India: un sonido que emana del corazón de la creación, que hace que la conciencia surja al exterior, se mantenga en él, para finalmente disolverse de nuevo en el Espíritu Infinito. Este sonido es el «Verbo» del Nuevo Testamento, el «Amén» del Libro de la Revelación. En la India este sonido cósmico fue denominado AUM.

Escucha atentamente, especialmente por el oído derecho, cualquier sonido sutil que oigas. Al principio seguramente no podrás escuchar el AUM con claridad, pero concentrarte en cualquier sonido interior te ayudará gradualmente a sintonizar tu conciencia con la Vibración Cósmica sutil.

Usualmente los sonidos espirituales no se oyen por el oído izquierdo, sino por el derecho. Si los oyes por el izquierdo, intenta llevar esa percepción paulatinamente al oído derecho. Une tu percepción de los sonidos con la quietud del centro de Cristo. Entrega tu mente, tu corazón y tu cuerpo a la Vibración Infinita.

El entrecejo es la sede de la concentración en el cuerpo. Observa cómo, cuando te concentras profundamente, tiendes a fruncir el ceño. Fíjate también en tu tendencia a mirar hacia arriba. Las personas con una gran concentración suelen tener uno o dos profundos surcos en la frente, en la zona del entrecejo.

El centro de Cristo es también donde se asienta el éxtasis del superconsciente. Advierte cómo, siempre que te sientes especialmente feliz, tiendes a mirar hacia arriba, puede que incluso arquees las cejas.

Quizás hayas leído sobre «el lenguaje corporal». Se ha descubierto que el cuerpo revela nuestros estados mentales. Los movimientos físicos y las posturas son manifestaciones del flujo de la fuerza vital, que a su vez responde a nuestros pensamientos y sentimientos.

Cuando estamos deprimidos, nuestra fuerza vital fluye hacia abajo por la columna y, por empatía, hacia todo el cuerpo. Cuando estamos eufóricos, la fuerza vital fluye hacia arriba.

Cuando tu energía fluye hacia abajo ¿no observas que tiendes a bajar la cabeza, a dirigir al suelo la mirada, a dejar caer la comisura de los labios, a encoger los hombros y a arquear la espalda? Al permanecer de pie quizás hayas notado que apoyas tu cuerpo pesadamente sobre los talones. Incluso tu modo de andar es pesado.

En cambio, cuando la energía fluye hacia arriba cambia tu postura. Levantas la cabeza, alzas los ojos, tu boca se curva hacia arriba en una sonrisa, te sientas erguido y, al permanecer de pie, apoyas el peso de tu cuerpo en la parte anterior de la planta del pie, y andas con pasos ligeros.

Al meditar mira hacia arriba, eleva el flujo de tu fuerza vital, libéralo del centro del ego, en la medula, como si lo liberaras de su naturaleza terrenal. Envíalo hacia delante y al exterior, a través del centro de Cristo. Eres un águila que se eleva impulsada por los poderosos movimientos de sus alas de aspiración divina.

¿Te acuerdas de aquellos rayos de energía que te he sugerido que visualizaras fluyendo del centro de tu corazón? Ahora piensa que tu corazón es un nenúfar. (En la tradición oriental el nenúfar sería un loto.) Observa cómo los pétalos del nenúfar se extienden hacia todas direcciones, como si estuviera flotando en la superficie de una laguna. Piensa que los pétalos del corazón son rayos de luz y energía que fluyen hacia el exterior para relacionarse con el mundo.

Ahora, dirige mentalmente esos pétalos, esos rayos de luz y energía hacia arriba. Ya no desean relacionarse con el mundo, sino que aspiran a elevarse llenos de amor hacia la Divinidad. Visualiza cómo los sentimientos de tu corazón se elevan llenos de devoción hacia el Ser Supremo, cuyo altar se halla en el cerebro, en el centro de Cristo. Allí, en el ojo espiritual, se alza la entrada hacia el infinito.

En profunda quietud ofrécete a lo más elevado que hay en ti.

◆　　◆　　◆　　◆　　◆

## Preguntas y respuestas

**Pregunta:** Ya que la concentración se asienta en el entrecejo, ¿es útil fruncirlo suavemente mientras se medita?

**Respuesta:** A veces quizá, pero no lo conviertas en un hábito. No medites con el cuerpo, intenta liberar tu mente de la consciencia del cuerpo.

**Pregunta:** Durante mi actividad diaria, aunque no medite ¿es indicado dirigir la atención hacia la zona del entrecejo?

**Respuesta:** Sin ninguna duda. Yogananda afirmó que el progreso espiritual puede acelerarse de manera notable si la mente se concentra constantemente en el centro de Cristo.

**Pregunta:** ¿Podría indicarme una forma de mantener la mente concentrada en dicho centro? Durante el día hago tantas cosas y he de pensar tanto en ellas, que mis pensamientos se alejan de la interiorización que experimento durante la meditación.

**Respuesta:** Bien, no es fácil mantener este estado de interiorización, sobre todo en la actualidad, con todas las exigencias de la vida. Sin embargo, ciertos aspectos de la vida moderna pueden ser transformados, aunque parezca inaudito, en excelentes ventajas.

Por ejemplo, la televisión y los ordenadores, e incluso la más reciente tecnología conocida como «realidad virtual», sugieren una nueva perspectiva para introvertir la mente.

Uno de los problemas de visualizar el centro de Cristo durante la actividad es que exige fijar la mente y, sin embargo, todo lo que hacemos exteriormente implica movimiento. Si incluso meditando resulta difícil dirigir la atención hacia un punto, durante la actividad es mil veces más difícil.

Te sugiero lo siguiente: visualiza una pantalla de vídeo en el entrecejo. Proyecta tu mente en la pantalla, como si fuera a través de una ventana, hacia un mundo de «realidad virtual». En realidad, todo cuanto nos rodea es un mundo de realidad virtual. Una simple ilusión que nos parece más real que cualquier vídeo que miremos únicamente porque la percibimos con nuestros cinco sentidos, y no sólo con el oído y la vista. Sin embargo, en esencia, no es más real que cualquier película de vídeo.

Durante tu actividad y en tus relaciones con el mundo que te rodea, y con los demás, proyecta tu consciencia y energía hacia ellos a través de la «pantalla de vídeo» de tu ojo espiritual.

◆　　◆　　◆　　◆　　◆

## Visualización

En la meditación, es importante desarrollar la concentración. La siguiente visualización te ayudará a fijar la atención de tu mente.

Mantente mentalmente en la orilla del río, en el mismo lugar que estabas al final del capítulo anterior, ya que no podías cruzar el río debido al turbulento flujo de tus pensamientos y sentimientos. Ahora visualiza que sostienes el bramante de un globo lleno de helio. Durante este tiempo el globo da tirones intentando liberarse de tu mano para elevarse hacia el cielo.

Ahora suelta el bramante. Observa cómo el globo vuela hacia el cielo, desapareciendo paulatinamente en la lejanía. Obsérvalo con atención. Deja que todos tus pensamientos converjan en este único objeto. A medida que se eleva por encima de las nubes, va disminuyendo, lentamente.

Una brisa lo arrastra hacia las lejanas montañas. Ahora el globo se eleva por encima de ellas, y a medida que empequeñece de tamaño acaba desapareciendo en la vacuidad del cielo.

# CAPÍTULO 7

❖

## ¿*Cuánto tiempo se debe meditar?*

Durante siglos las prácticas espirituales se han identificado con conceptos surgidos del ego como, por ejemplo, la adquisición de méritos, la purificación del mal karma, y la propiciación de Dios. La santidad ha sido juzgada por la cantidad de tiempo que una persona dedica a la oración y a la meditación, o por el número de cuentas que reza del rosario, o la cantidad de mantras que recita, o por lo que ha sufrido o, según algunas escuelas filosóficas, por lo que no ha sufrido.

La idea de obtener buen karma por medio de loables prácticas no es errónea, ni es censurable tampoco el deseo de complacer a Dios. Muy al contrario.

Pero también es bueno recordar que Dios no se alcanza sólo a través del buen karma, ya que está más allá de él. Además, Dios siempre está contento, vive en un gozo eterno. Es absurdo pensar en Él (o en Ella) como una furibunda deidad que se regodea en desahogar su cólera sobre la pobre y siempre confusa humanidad.

Las enseñanzas religiosas, si son auténticas, son divinas. Sin embargo, existen muchas creencias religiosas que son algo más que supersticiones. En cuanto a la creencia del juicio, son las personas las que se juzgan a sí mismas al no tener la conciencia tranquila cuando ofenden las leyes más elevadas de su propia naturaleza. Dios las sigue amando a pesar de lo que hagan. Su amor es infinitamente mayor que el que sentimos por nuestros hijos. Cuando nuestro hijo se equivoca, si nuestro amor es puro, el dolor que ello nos causa será por él y no por nosotros mismos. Nuestras lamentaciones estarán motivadas por el potencial de auténtica felicidad y de conocimiento que ha desaprovechado.

La libertad del alma no se logra sólo con buenas acciones. El progreso espiritual no es hacer méritos. Aunque las pruebas formen parte de la senda espiritual —así como de la vida en general— la espiritualidad no se mide por las pruebas en sí mismas, sino por la sabiduría que adquirimos al pasar por ellas. El modo de vencerlas es mediante una serena aceptación y un espíritu de alegría interior. Pero si permitimos que esas pruebas nos hundan en la conciencia del ego con su séquito de pesares no demostramos ningún logro interior.

Mantén con firmeza este pensamiento en la mente: La forma de avanzar en la meditación no es obligándote por fuerza a sentarte tantas horas como puedas al día. Meditar hasta el agotamiento mental es contraproducente. No te esfuerces más allá de tu capacidad natural. A veces, meditar durante cinco minutos, si se hace con absoluta concentración y dedicación, puede ser más efectivo que meditar durante horas. Intenta hacerlo siempre con entusiasmo, sin nerviosismo, con serenidad.

Al principio quizá no disfrutes demasiado meditando pero, como mínimo, deberás ser capaz de sentir paz. En cualquier caso, concéntrate en los futuros resultados positivos de la meditación, y no en la dureza de su práctica. Más tarde, cuando empieces a experimentar la alegría interior, medita sólo mientras la alegría perdure. Cuando empiece a disminuir, deja de meditar y levántate. Si recuerdas un acto que te ha hecho feliz, siempre es más fácil volver a él con entusiasmo. No dejes nunca que tus meditaciones se hagan pesadas.

Por otro lado, todos hemos experimentado momentos en los que la paz, por tanto tiempo anhelada, parece ser aquello que más tememos. Durante estos momentos de tensión emocional podemos imaginar que la forma de deshacernos de esa tensión es incrementándola al máximo hasta que caiga por su propio peso, como un fruto maduro.

En realidad cada estado de la mente es un torbellino: aspira toda la energía que puede.

Cuando la mente se resista a tus esfuerzos por calmarla, no intentes sofocar su rebelión. Deja que tus pensamientos se pavoneen por un rato. Mientras obsérvalos simple y apaciblemente, si lo deseas incluso con sentido del humor, como si estuvieras observando a un niño rebelde. Se calmarán tan pronto descubran que a pesar de su indisciplina los sigues respetando. En los momentos de agitación, cuando la mente se dedica a declarar su independencia, no la disciplines con demasiada dureza. Medita sólo un poco, para seguir manteniendo vivo el hábito, pero sobre todo intenta distraer tu mente. No te castigues a ti mismo por tus insuficiencias.

## ¿Cuánto tiempo se debe meditar?

Por lo general, una buena norma para meditar es mantenerte siempre relajado. Cuanto te sientas agitado, no opongas resistencia. En vez de ello, dedícate a amar a Dios con mayor intensidad.

No es fácil formular una norma que satisfaga las necesidades de todo el mundo. Un compromiso espiritual tiene muchas gradaciones. Una persona que anhele intensamente a Dios quizá desee dedicarse todo el tiempo a la vida espiritual. En cambio, a otra, puede que una hora al día le resulte excesiva. El «camino de la moderación», que tan a menudo recomiendan los grandes maestros, siempre ha significado que no debemos presionarnos. El progreso equilibrado exige una relajación todavía más profunda. Sin embargo, un sincero aspirante espiritual siempre dedicará mucho tiempo a la meditación. Sólo son las mentes triviales las que interpretan la palabra «moderación» en el sentido de: «Mientras medite un poco, puedo estar tan alborotado como quiera».

Sea cual sea tu definición de moderación, intenta que meditar suponga para ti un placer y no una engorrosa tarea. Si lo prefieres, empieza dedicándole cinco minutos al día. No te preocupes si otros principiantes como tú meditan durante media o incluso una hora. Siempre es arriesgado compararse con los demás.

Descubre tu propio ritmo natural. Primero acostúmbrate sólo a sentarte durante un rato; es preferible meditar un poco que no meditar nada. Para los principantes, sin embargo, quince minutos es lo ideal, es decir, el tiempo necesario para dar oportunidad a la mente de «calmarse» un poco.

Gradualmente, al cabo de algunos días o semanas, intenta meditar el doble de tiempo. Después, dóblalo de nuevo. Una vez disfrutes realmente meditando, te resultará de lo más natural sentarte durante más tiempo.

Lo ideal sería meditar dos veces al día, en dos sesiones de media hora. Intenta llegar a un punto en el que, sin forzarte, descubras que lo que estás haciendo es importante para ti. A partir de entonces podrás ponerte a salvo por ti mismo. Llegado ese momento, te aconsejaría meditar al menos una hora y media cada día —quizás una hora por la mañana y media por la tarde. En *Ananda Village,* y en las comunidades filiales, recomiendo a nuestros miembros que intenten meditar como mínimo tres horas al día.

Aparte de estas pocas directrices, lo demás dependerá de ti. Lo que una persona entiende por «moderado» a otra puede parecerle un fanático exceso. Y lo que ésta entiende por «moderado» quizá a la primera le parezca sin duda una señal de tibio entusiasmo.

Ante todo, sé constante. Es preferible meditar regularmente durante cinco minutos cada día, que hacer heroicos esfuerzos durante una semana y después, una vez agotada la fuerza de voluntad, desmoronarse en un estado de parálisis espiritual.

Y por último, recuerda esta simple norma que Paramhansa Yogananda pronunció: «Cuanto más medites, más desearás meditar. Y cuanto menos medites, menos desearás meditar».

◆　◆　◆　◆　◆

## Preguntas y respuestas

**Pregunta:** ¿Por qué mi mente se resiste tanto? A veces descubro que sólo con decidirme a hacerlo mejor ¡provoco una auténtica rebelión interior!

**Respuesta:** Como ya he mencionado, el hábito puede ser un gran adversario, pero lo bueno del caso es que también puede convertirse en un poderoso aliado. Desarrolla los hábitos adecuados y ellos te sacarán de infinitas y violentas tempestades.

Generalmente se necesita mucho tiempo para desarraigar los malos hábitos, incluso puede tardarse de cinco a ocho años si están profundamente enraizados. La forma de conseguirlo no es luchando contra ellos, sino esforzándose más arduamente en desarrollar los opuestos buenos hábitos.

La inquietud, por ejemplo, se vence aprendiendo a disfrutar de la serenidad. La tendencia a hablar demasiado puede superarse aprendiendo a disfrutar del silencio. Paramhansa Yogananda solía decir: «No puedes librarte de la oscuridad golpeándola con un palo. En su lugar, enciende la luz, y la oscuridad se desvanecerá como si nunca hubiese existido».

**Pregunta:** Ha mencionado el tema de la oposición exterior. ¿Qué puedo hacer si mis familiares, mis amigos o mis compañeros de trabajo intentan impedir que medite?

**Respuesta:** Esta clase de oposición suele surgir como una reacción a los esfuerzos proselitistas por parte del nuevo meditador. Cuando empiezas a meditar es mejor guardar en secreto tus prácticas espirituales o, si no, compártelas sólo con las personas que sabes que simpatizarán con ellas. Como Yogananda dijo: «Si añades leche al agua, se mezclará con el agua. Pero, una vez batida y convertida en mantequilla, flotará de forma natural, sin diluirse».

Nadie protestará si dedicas más tiempo de lo usual a lavarte los dientes. Si duermes más de lo necesario, quizás a las personas cercanas a ti les moleste, pero la mayoría de la gente pensará simplemente que sería preferible no hacerlo. Sólo se opondrán activamente si insistes en que ellos hagan lo mismo.

No hables de tus prácticas espirituales. Sólo te conciernen a ti.

**Pregunta:** La posibilidad de la oposición exterior me ha hecho pensar en otra cosa. Al leer la vida de los santos, parece que a menudo estaban sometidos a influencias satánicas. Este tipo de influencias ¿existe realmente? Y, si es así, en nuestra vida espiritual ¿debemos tenerlas en cuenta?

**Respuesta:** Una influencia satánica, por llamarla de alguna forma, es cualquier cosa que obstruya tus esfuerzos de mejorar. Podría ser un compañero de trabajo hostil que crea disarmonía porque no puede sufrir verte tranquilo. Es decir, la influencia negativa no tiene por qué ser un diablillo con cola. Pero tendríamos que ser ciegos para negar la existencia de influencias obstaculizadoras en nuestra vida.

En este caso, ¿eres más propicio a recibir esta clase de oposición que la resistencia que oponen los demás a tus esfuerzos espirituales? ¿Existe alguna fuerza negativa que pueda perseguirte incluso después de cerrar la puerta que te permite meditar en la intimidad?

Sí, como es natural, existen tus propios pensamientos. ¿Qué puerta podría impedir que pasaran?

Pero puede que haya también algo más, ¿quizás alguna influencia maligna a escala cosmica?

No nos perjudicará saber que los pensamientos humanos son expresiones de estados de conciencia universales. Por ejemplo, nosotros no creamos amor: lo manifestamos. No creamos inspiración: la recibimos. Lo mismo podría decirse de los pensamientos y de las emociones negativos. Atraemos los estados de conciencia que nos llegan.

En cuanto a preocuparte por esta clase de influencias negativas, no las invites a venir con tu excesiva ansiedad. Creo que la mayoría de las influencias «satánicas» que experimenta la gente aparecen como respuesta a sus propias preocupaciones sobre el tema. Sé positivo. Elévate con tus aspiraciones, no desciendas con tus miedos. Si surgen en tu mente pensamientos negativos, no los aceptes. Los pensamientos no son tuyos, no te identifiques con ellos. A pesar del tiempo que los hayas albergado y alimentado en tu mente, son elementos extraños. Repítete a ti mismo:

«Soy hijo de Dios. A partir de ahora no me definiré a mí mismo según mis debilidades, sino según mis virtudes».

**Pregunta:** Ha hablado sobre cuánto tiempo se debe meditar cada día. ¿Pero cuánto tardaré en alcanzar las metas de la meditación, como por ejemplo, la conciencia superconsciente o hallar a Dios?

**Respuesta:** Como es natural, la duración del tiempo varía según cada persona. Si un clavo está introducido a medias en una tabla ¿podrías decir cuánto tiempo se necesitará para arrancarlo? Dependerá de la profundidad, de lo incrustado que esté en la madera, y de la fuerza que uses para extraerlo.

Por lo tanto ¿cuánto tiempo se necesita para alcanzar las metas de la meditación? Dependerá de la cantidad y la fijeza de los malos hábitos ocultos en el subconsciente, los cuales actúan contra tus esfuerzos meditativos actuales, y de la intensidad con que te dediques a meditar.

Y, por último, dependerá de la gracia de Dios. Pero la gracia no es fruto del azar, sino que se vierte en aquel recipiente que ha sido previamente purificado. Jesús dijo: «Benditos los puros de corazón, porque ellos conocerán a Dios».

Hay otro punto importante que debemos considerar: el tiempo, en última instancia, es una ilusión. Si la senda espiritual exige tiempo, es en parte debido a nuestra creencia, nacida de un condicionamiento pasado, de que el tiempo es un factor a tener en cuenta. Sin embargo, la verdad que buscamos mora en la eternidad, más allá del tiempo. Si lográsemos disolver la ilusión del tiempo de nuestra mente, nuestro viaje espiritual podría finalizar ¡en este mismo instante! La senda es el proceso de realizar —de recordar— lo que ya somos. Nunca podremos perder la perfección de nuestra alma. Simplemente nos hemos hipnotizado a nosotros mismos con el concepto de la limitación. Nos hemos repetido falsamente que nuestras limitaciones nos definen tal como somos.

◆   ◆   ◆   ◆   ◆

## Visualización

Continúa de pie en la ribera, en el mismo lugar donde permanecías. Ha llegado ya el momento de cruzar el río.

¿Cómo lo harás?

Puedes utilizar uno de los métodos que ya te he sugerido: espera a que el río desaparezca, hasta que su cauce esté seco o, si lo prefieres, separa las aguas con la fuerza de tu voluntad y atraviesa el río por este pasaje.

Hoy, sin embargo, te sugiero un tercer método: proyecta amor hacia tus agitados pensamientos y sentimientos. Calma la turbulencia del fluir del agua, y observa cómo se refleja en su serena superficie la tierra de mística belleza que se extiende más allá de ellos.

El tiempo es una ilusión. Si te imaginas en la otra orilla del río, así será. Si te imaginas al pie de aquellas lejanas montañas, así será.

¡Llega a ese lugar ahora!

En la cima de una estribación de las montañas encuentras un gran globo aerostático con su barquilla que forcejea por elevarse. Te ha estado esperando. Las cuerdas que mantienen la barquilla sujeta al suelo representan determinados apegos al mundo. Sube a la barquilla y afloja las cuerdas una a una, hasta soltarlas. Si lo prefieres, puedes cortarlas enérgicamente con un machete.

Observa, el globo está empezando a elevarse. Percibe cómo el helio que le hace ascender es el poder de tu devoción: cuanto más intensas sean las aspiraciones de tu corazón, con mayor rapidez ascenderás.

¿Te das cuenta? No necesitabas escalar aquellas altas montañas penosamente. Te estás elevando mucho más deprisa, a mayor altura, sólo con el poder del amor.

A medida que te elevas alcanzas altitudes que el globo no puede superar. Cada vez que ocurra, vacía uno de los sacos de arena que cuelgan de la barquilla. Los granos de arena son pequeños, representan apegos que albergas aún en el corazón. Arrójalos alegremente en el aire. Disfruta mientras el globo asciende de nuevo.

Ahora acabas de vaciar el último saco de arena. ¡Ya eres libre!

# CAPÍTULO 8

❖

## *Después de la meditación*

Aprende a vivir de modo más superconsciente. Esto significa vivir con la consciencia nacida de la meditación. Intenta hacer que la paz que experimentas en la meditación sea la base de tu experiencia objetiva de la vida. Cuando los vientos de las obligaciones mundanas vuelvan a azotarte, no dejes que la paz de la meditación se te escurra de las manos como granos de arena.

No permitas que las insistentes exigencias de la gente destruya la serenidad de tu consciencia.

No permitas que los demás te definan en sus propios términos. Vive según la visión interior que tengas de ti. Tu perdurable realidad es la paz, el amor, y la alegría que has experimentado en tu propia alma.

La meditación te hace consciente de un mundo mejor. No es un mundo de ensueños, sino un mundo más real que cualquier otro. Al ser consciente de él, serás capaz de afrontar las cosas y las situaciones más eficazmente que la gente que te rodea, que se empeña en creer que su mundo es real. Tu paz interior te ayudará a resolver problemas que otras personas, al vivir como viven, inmersas en intereses y preocupaciones, son incapaces de solucionar.

La serenidad te llegará como resultado de tu meditación diaria. Esta serenidad engendrará percepciones intuitivas. En las situaciones en las que antes te habías quedado quizá paralizado ante la enormidad de los problemas de la vida, la intuición te dará respuestas claras y sencillas.

Con la meditación descubrirás que en tu corazón se está desarrollando una cualidad que inspira a los demás a afrontar sus problemas también de un modo más constructivo.

La meditación agudizará tu concentración y te desarrollará la fuerza de voluntad. Los diferentes obstáculos simplemente se desvanecerán, y serás capaz de hacer en pocos minutos, lo que antes te ocupaba horas, días o incluso semanas.

Un conocido mío, un próspero hombre de negocios, se dedicaba a meditar durante toda la mañana. Sólo iba a trabajar por la tarde. Sus socios a veces le reprendían: «Con la cantidad de responsabilidades que tienes ¿cómo puedes llegar tan tarde al trabajo?». «Justamente por eso mismo no puedo venir más temprano», contestaba. Había descubierto que si llegaba al trabajo con la mente clara podía resolver problemas que los demás tardaban días en solucionar, y aun sin estar seguros de acertar las soluciones.

La intuición, fruto natural de la meditación, tiene una gran ventaja sobre la facultad de razonar: proporciona seguridad interior.

La mente racional nunca puede estar totalmente segura de nada. Lo máximo que puede hacer es decidir cuál, de entre una gama de posibilidades, parece ser la más adecuada. Los grandes descubrimientos y logros son siempre, en cierta medida, consecuencia de la intuición.

Aprende a observar la vida percibiendo la unidad que subyace en ella. No te empeñes en analizarlo todo. Obviamente, hay situaciones en las que el análisis es necesario, pero incluso en este caso, sumérgete profundamente en la consciencia de la interdependencia de todas las cosas. Porque todo es una manifestación de una realidad universal —aunque sean olas y adquieran diferentes formas, son manifestaciones del mismo océano.

La vida tiene coherencia, encierra un propósito y un significado. Debes saber que todo problema tiene una solución. Considera a los demás, no como «aquello que no eres», (según una cita de Sartre), sino como una parte de tu mayor realidad. Ámalos con la consciencia interior que estás desarrollando con la meditación. Toda la humanidad es, en el sentido más profundo, tu propio ser.

Todas las cosas están sujetas a la Ley de la Unidad. Cada cosa tiene su parte opuesta compensándola. El péndulo, tras oscilar en una dirección, retrocede hacia la opuesta. Cada subida, tiene su bajada; cada izquierda, tiene su derecha; cada polo negativo, tiene su positivo. Oscuridad y luz, frío y calor, dolor y placer, lo masculino y lo femenino, en toda la naturaleza hallamos opuestos equilibrándose entre sí.

De igual modo, cada problema tiene su solución. Aprende a fijarte en las soluciones, y no en los problemas. Éste es el significado de pensar de forma superconsciente. No permanezcas en las dificultades más tiempo del necesario para definirlas con claridad. Las soluciones suelen llegar al observar los opuestos como pares que forman una sola unidad.

Ante todo, deja que tu alegría interior te guíe. Cuanto más te dejes guiar por la superconsciencia, mayor alegría sentirás en todo cuanto hagas. Llegarás a un punto en el que comprenderás que sin alegría interior todo cuanto te propones hacer es mejor que no lo hagas. Pero si tienes alegría interior, será la forma de saber con seguridad que aquello que te propones hacer es bueno y correcto.

◆　◆　◆　◆　◆

## Preguntas y respuestas

**Pregunta:** ¿Cómo puedo estar realmente seguro de que me guía el superconsciente?

**Respuesta:** No puedes estar totalmente seguro. La mente es muy hábil en engañarse a sí misma. Pero cada vez estarás más satisfecho con los resultados, ya que todo cuanto hagas se irá volviendo más efectivo.

Al intentar dejarte guiar por el superconsciente no abandones la razón. La razón es una valiosa herramienta que sirve para comprender, es la que corrige. A pesar de no ser creativa en sí misma, es una parte importante del proceso creativo. La razón analiza tus conclusiones objetivamente y te ayuda a asegurarte de que realmente funcionan. La razón observa el hipotético ideal y analiza si al aplicarlo a la prosaica realidad funcionará.

Por ejemplo, Nikola Tesla, un gran inventor,[1] «inventó» una serie de maravillas que tuvieron que esperar a que se descubrieran nuevos materiales antes de poder utilizarse. Su inspiración sobrepasó el conocimiento funcional de su época. La guía superconsciente se convertirá en realidad, pero quizá aparezca en este mundo de prosaicas realidades antes de tiempo. A veces, la guía llega también mezclada con deseos y expectativas humanos. La razón te ayudará a discernir la verdad de aquello que simplemente desearías que fuese la verdad.

**Pregunta:** La actitud positiva de buscar soluciones ¿cómo puede ayudarme a hallarlas? Puedo desear una solución, pero no veo cómo la voy a encontrar por el mero hecho de desearla, a no ser que funcione a un nivel superconsciente, en estado de profunda meditación.

**Respuesta:** Esta actitud hace que tu mente se abra para recibir la inspiración «de arriba» al sintonizarse

---

1. Tesla descubrió la corriente eléctrica alterna, que hizo posible el mundo moderno de la electricidad.

con la forma en que ésta actúa. La actitud de buscar soluciones no garantiza que se encuentren, pero las grandes inspiraciones llegan siempre primero teniendo una gran fe en que las soluciones existen, y de que sólo están esperando a ser halladas. Confía en que ya las tienes, te sorprenderá ver que tenías toda la razón.

**Pregunta:** ¿Cuál es la mejor forma de aplicar en la vida diaria el estado de consciencia que surge de la meditación?

**Respuesta:** Siendo consciente de tu propio centro en la columna. En lugar de proyectarte hacia el interior desde tu periferia, vive hacia el exterior desde ese centro.

◆　◆　◆　◆　◆

## Visualización

El globo en el que ascendías en la última visualización te conduce ahora más allá de las cimas de las montañas. Observa la vasta campiña a tus pies: la ajetreada ciudad que has dejado atrás, el camino que serpentea por apacibles praderas, el frondoso bosque, el río que ondea a través de las llanuras. Contempla cómo las estribaciones se elevan uniéndose con las altas montañas.

Obsérvalo todo como una unificadora realidad. Nada, en sí mismo, es completo. Todo cuanto está bajo tus pies forma parte de un todo que, al contemplarse como un conjunto, es correcto, bueno y bello. La ansiedad y el ruido de la ciudad eran necesarios, ya que te ofrecen la oportunidad de poderlo comparar con otras cosas, de elegir. Pregúntate a ti mismo ¿qué es lo que mi ego desea? ¿Desea realmente la esclavitud, el dolor y el sufrimiento? ¡Jamás! Ahora sabes que deseas algo mucho más profundo que las anteriores metas por ti condiciadas. ¡Deseas una inmensa paz, libertad del alma y sabiduría!

Elévate más alto aún a medida que el globo asciende. A pesar de que el globo flota en la estratosfera no sientes frío ni calor. Tu cuerpo cada vez pierde más materialidad. El peso ha dejado de existir, a tu alrededor no hay nada sólido. Te estás transformando en espacio, vagamente circunscrito por el globo, con su cada vez más incorpórea barquilla.

Asciendes todavía más, hacia el espacio exterior. Contempla debajo tuyo la redonda tierra girando lentamente. Date cuenta de que forma parte también de tu más vasta realidad, una realidad que incluye la luna, el sol, los planetas y todas las estrellas.

Hasta hoy has conservado tu centro humano: tu

pequeño sentido del «yo». Pero ¿qué es este «yo» cuando no puedes relacionarlo con nada, cuando no existen bosques, llanuras o montañas que te recuerden la pequeñez de tu cuerpo?

Abandona el último de tus apegos terrenales. Arroja los últimos granos de arena que simbolizan tus últimas y persistentes tendencias humanas. Libera al ego de su pequeño nido de seguridad. Ofrécete a la vastedad del espacio que te rodea. Abraza las galaxias, tú eres ellas y mucho, mucho más.

¡Tu eres el universo entero!

Disfruta serenamente de tu nueva libertad: libre de la pequeñez de las limitaciones. Mora en esa imagen de inmensidad, hasta que sientas que eres el infinito.

# CAPÍTULO 9

❖

## *La meditación como guía diaria*

He titulado esta obra *Cómo iniciarse en la meditación* por dos razones. La primera salta a la vista, para aprender a meditar, aunque confío que también sea útil a las personas que meditan con regularidad.

La segunda razón es menos evidente. Mi intención es animarte a utilizar la meditación como un importante «inicio», para que al empezar una actividad siempre medites primero. Cuanto más recurras a la meditación como guía diaria, más descubrirás que todo cuanto haces se ve coronado por el éxito y te produce una profunda satisfacción.

Meditar debería convertirse en un hábito más de tu vida diaria, como comer, hablar, o dormir. Por favor, no cometas el error de tomar lo que te he ofrecido sólo como una alternativa a la vida normal. Oh, sí, te he ofrecido una alternativa a lo que hasta ahora considerabas una existencia «normal», una vida vacía de supremo propósito o significado. Te he ofrecido una alternativa a vivir sumergido en la confusión repitiendo eternamente el mismo sufrimiento inútil. Te he ofrecido la vasta consciencia como una alternativa a vivir obsesionado en ti mismo, la alegría como una alternativa a la amargura y a la desilusión, el amor como una alternativa a emociones negativas como el odio, los celos, y la ira.

Supongo que la gente considera que todo esto es normal, pero no cabe duda de que para todos debería ser normal desear, al menos, la plenitud y la felicidad en la vida. Y si es así, debería ser anormal negar nuestras aspiraciones espirituales.

No pienses de antemano que las verdades espirituales son inalcanzables. Aunque no hayas conocido a nadie que haya estado en el Polo Norte ¿significa acaso que nadie pueda llegar a él o que no exista? En este mundo hay personas que dan muestras de haber alcanzado lo que afirman ser el *summum bonum* de la vida. Aparte de esta realidad, hay personas que con su mera presencia dan una gran paz y felicidad a los demás.

Una cosa no tiene por qué ser normal sólo porque todo el mundo la haga. Una cosa es normal si puede ofrecer a la gente lo que todo el mundo está buscando, aunque la mayoría lo busque de formas equivocadas.

Al principio quizá tengas la sensación de que la meditación es algo exótico, en particular si no conoces a nadie que la practique. Sin embargo, cuanto más medites, más se convertirá en el papel central de tu vida. Adquirirá un significado tan profundo para ti que será tan importante como dormir.

Antes de iniciar una actividad, dedica un poco de tiempo a centrarte en el silencio interior. Dirige tu atención al corazón y al entrecejo. Armonízate, a pesar de lo breve e imperfecto que sea, con tu propia superconsciencia.

Al pulsar enérgicamente las cuerdas de una guitarra suenan con intensidad porque resuenan en la caja. Si no resonasen, el sonido sería tan débil que quizá no podría oírse ni desde el otro extremo de la habitación. Atrae a tu vida la «resonancia» de los niveles más elevados de la realidad armonizándote interiormente con ellos.

Como es natural, no puedes entrar en un estado de profunda meditación cada vez que tengas que resolver algo enseguida o solucionar un problema al momento. Sin embargo, con la práctica, descubrirás que en lugar de reaccionar precipitada o emocionalmente a las situaciones con las que te enfrentas, podrás conectar al instante con tu centro e irradiar hacia el exterior la energía que de él surge.

Debes adiestrar tu mente gradualmente. Establecer nuevos hábitos exige tiempo. Cuanto más medites, más descubrirás que la meditación aporta un nuevo significado a tu vida, más pleno que el anterior. Es tan simple como lo siguiente: si insistes en vivir en la periferia y en ignorar la fuente de vida de tu interior, cada vez te sentirás más vacío. Pero una vez comprendas que el secreto de la vida es vivir más en tu propio centro, todo cuanto hagas te nutrirá abundantemente.

Querido amigo mío: ¡que conozcas aún una nueva alegría!

◆　　◆　　◆　　◆　　◆

## Preguntas y respuestas

**Pregunta:** ¿Qué debo hacer si a mi esposa, o a mi esposo, le desagrada que medite? No quiero crear desarmonía en mi vida matrimonial.

**Respuesta:** Nadie tiene derecho a impedir que halles en tu vida la felicidad y el significado auténticos. En realidad, hacerlo sería crear la mayor desarmonía que pueda existir.

Aparte de que tu esposa no comprenda lo que estás haciendo, para no crear desarmonía discutiendo sobre el asunto, debes afrontar el hecho de que la vida matrimonial no es, ni nunca podrá serlo, la perfecta fusión de dos mentes. Cada miembro debe preservar su propia integridad y respetar la del otro, sin que esto signifique dejar de intentar armonizar con la pareja las diferentes realidades de cada uno.

Quizás haya pensamientos que no puedas compartir con tu pareja, en especial si deseas mantener la armonía entre los dos. Si no sabes exponer tus opiniones con afabilidad, aunque sólo se trate de asuntos sin importancia, la falta de entendimiento entre ambos surgirá con facilidad. Si tu pareja no da muestras de comprenderlo, no te preocupes pensando que quizás estés traicionando a tu esposa al no compartir con ella tu búsqueda espiritual. Cuanta más paz interior desarrolles, más oportunidades tendrás de llevar la paz a tu relación matrimonial.

Puedes meditar cuando tu esposa se haya dormido. O a la hora de comer —quizás en una iglesia de los alrededores. Incluso puedes meditar, aunque sea por poco tiempo, en el cuarto de baño. «Querer es poder», como dice el conocido refrán.

**Pregunta:** ¿Cuál cree que es la mejor forma de recibir una guía interior?

**Respuesta:** Pídesela al superconsciente, dirigiendo tu atención al entrecejo, o a Dios, mediante la oración, concentrándote también en este punto. Después «escucha» el sentimiento que recibes como respuesta en tu corazón (en la zona de la columna, es decir, detrás del corazón). A medida que se desarrolle tu intuición, sentirás una respuesta positiva en aquel lugar, o en caso contrario, una advertencia negativa, una sensación de «mejor no».

Si no recibes ningún tipo de respuesta, concéntrate en el centro de Cristo y pregunta de nuevo: «¿Es eso correcto?». Si te lo preguntas diversas veces es muy probable que acabes hallando la respuesta que buscas.

La mayor parte de las veces las respuestas llegan una vez se empieza a actuar según como uno cree más conveniente. Pero si al meditar no recibes ninguna respuesta, haz lo que creas más conveniente, y sigue escuchando en tu interior, para ver si en un momento dado captas la guía deseada. Si sigues intentándolo, acabarás por hallarla.

Una última recomendación: no consideres ninguna guía como definitiva. Muchas veces la guía interior sólo es para aquel momento. Sigue escuchando en tu interior para captar qué clase de guía te llega a medida que vas avanzando.

◆　　◆　　◆　　◆　　◆

## Visualización

El globo te ha conducido hasta el espacio exterior. Tu espíritu se ha expandido hasta abarcar el sistema solar y todo el universo. Medita de nuevo en la inmensidad. ¡Tú eres esa inmensidad!

Date cuenta de que nada está vacío. Llena el universo de luz y alegría. Siente su presencia no sólo a través del espacio, es decir, lo que nuestros sentidos humanos perciben como espacio, sino también en el brillante centelleo de cada estrella y, al mismo tiempo, como un sediento caminante que recibe agua en medio del desierto, a través de cada planeta.

Todo el universo, cada átomo, todos los átomos de tu ser son luz, alegría, paz, y amor.

Imagina ahora que el sol es una estrella inmensamente brillante. Observa cómo sus rayos de luz se proyectan hacia un punto de la Tierra, nuestro pequeño planeta. A medida que desciende hacia la Tierra deslízate por ese rayo de luz y observa cómo se proyecta sobre tu ciudad, tu vecindario, tu propio hogar. ¡Oh, está penetrando en tu cuerpo inundándolo de luz, amor y alegría!

Imagina cómo el gozo transforma tus vestidos en luz, llenando cada célula de tu cuerpo, animando y dirigiendo todos tus pensamientos y sentimientos. Ahora el gozo fluye a través de ti, para completar incluso las tareas mundanas de tu existencia terrenal.

No eres simplemente un ser humano: eres hijo de la Luz Eterna. Vive siempre siendo consciente de ello.

**Fin**

# SEGUNDA PARTE

❖

## La Tierra Misteriosa

# La Tierra Misteriosa

❖

Deja que el siguiente texto te guíe hacia tu Tierra Misteriosa, el remanso interior en el que cada pensamiento fluye en armonía con la relajante música de la naturaleza.

# La Tierra Misteriosa

❖

¿Adónde se dirigen las nubes
al abandonar la luminosa puesta del sol?
Se dirigen a la Tierra Misteriosa.
¿Encontrarán lo que buscan?
¡Dependerá de ti!
Ya que la brisa que las impulsa
es el aliento de tu propia paz.
Deja que las nubes se deslicen
lejos,
muy, muy lejos,
a través de lejanos horizontes,
sobre redondeadas colinas,
sobre desiertos con diminutas y lentas caravanas
que serpentean pacientemente hacia futuros oasis.

Deslízate sobre vastos océanos con las nubes que
se elevan y descienden constantemente,
como si respirasen con lentitud.
Deslízate sobre extensas praderas,
vuela sobre montañas cubiertas
de un manto de nieve,
sobre frondosos bosques,
sobre dormidas e iluminadas ciudades,
de serpenteantes calles
protegidas por altas y vigilantes torres de reloj.
Deslízate sobre un mosaico verde, dorado y castaño
de tierras de labranza.
Vuela lejos, más lejos aún,
hasta llegar
a una tierra de dorada luz.
En la lejanía, bajo tus pies,
blancas playas bañadas por relajantes olas
te llaman: «¡Ven con nosotras,
duerme sobre nuestra suave arena!».
Un mar azul profundo te murmura con su oleaje:
«Descansa y escucha mientras canto para ti».
Y las palmeras, que la brisa torna susurrantes,
atraen tu mirada hacia el interior,
donde colinas verde esmeralda te llaman incitantes:
«¡Juega aquí, bajo la luz dorada del sol!».

¿Por qué no ir?
Cambia el curso de las grandes nubes
por esta Misteriosa Tierra.
Sumérgete libremente en el espacio
con las suaves brisas,
deslízate, cae en picado, vuela,
y por último desciende con lentitud
para posarte con suavidad en un claro del bosque.
Siente bajo tus desnudos pies el frescor
de su verde y musgoso suelo.
Desde lo alto se inclinan largos rayos de luz,
como una escalera que desciende del cielo.
El bosque en el que has penetrado te acoge.
A tu lado retozan cervatillos, o pacen en silencio;
pájaros de vivos colores revolotean
de un árbol a otro,
traspasando los oblicuos rayos de luz,
y dóciles y bondadosos animales
se detienen de vez en cuando para mirarte
y cabecear amistosamente.
Mientras te alejas por pasajes bordeados de hojas
te dices a ti mismo:
«¡Qué bello es todo esto!
¿Por qué esta Tierra es tan misteriosa?
¿De dónde emana su enigmática belleza,

su cálida atmósfera?».
Y justo en ese instante, andando felizmente,
sonríes.
¡Ah, observa!
Los rayos de sol que se filtran por los árboles
¿no son algo más brillantes?
Al llamar a un ciervo, alza la mirada y
se acerca para acariciarte con su hocico.
Al extender tu mano hacia un pájaro,
con un grácil giro rojizo y azulado,
desciende a posarse en tu dedo.
Un delicado capullo rosa y blanco
que asoma sobre tu cabeza te hace pensar:
«Me gustaría tenerte entre mis manos,
si al menos pudiera aspirar tu fragancia».
Y la larga y fina rama se arquea
para dejarte oler su capullo.
¿Lo comprendes ahora?
Esta tierra es misteriosa porque
refleja tus pensamientos.
¿Por qué?, preguntas,
porque tú y ella estáis en armonía.
Vuelves a preguntar: ¿Por qué?,
porque tu corazón está en paz.
¡Cuán maravillosa y ennoblecedora armonía!

¡Abrázala!
Al hacerlo
te inunda una pujante oleada de gozo,
y de los árboles se derrama,
como un torrente de radiante luz,
un coro de música angelical.
Elévate con este glorioso sonido,
sobre ríos de música, sobre serenos claros,
sobre montículos cubiertos de hierba
y matorrales salpicados de flores.
Elévate entre los rayos del sol, desciende de nuevo,
volando y cayendo en picado como un pájaro.
Al cabo de un rato, vuelve a la tierra.
En una abierta pradera al extremo del bosque,
sobre una mata de amarillos capullos,
reluce una mariposa azul bajo el sol.
Espiándote, revolotea en el aire
y se sostiene a la altura de tus ojos.
«Sígueme», susurra la mariposa,
saltando a corta distancia para guiarte.
Pronto surge ante ti un prado esmeralda.
Flores silvestres de abundantes y alegres colores
te guiñan el ojo risueñas
entre la alta hierba que la suave brisa mece.
¡Ríe y salta en el prado

jugando con la mariposa!
Siéntate luego en silencio
y aspira el dulce aroma de las flores.
¡Escucha!
¿Oyes el murmullo de la música
que suena en la brisa como un arpa?
¡Sus cuerdas son las altas hierbas del prado!
De nuevo la mariposa te susurra: «¡Sígueme!».
Volando por bajas colinas te conduce
hacia verdes y fragantes praderas,
junto a un cristalino y alegre riachuelo,
cuyas aguas sueltan risitas sofocadas recordando
la feliz historia contada por alguna montaña.
Al final descubres ante ti susurrantes palmeras,
tras ellas, una ancha y brillante playa
te acoge con su cálida arena.
Recórrela, escucha el rumor del incesante oleaje:
las olas te traen el mensaje del mar.
«¡Tú eres más,
mucho más de lo que crees!», dicen.
Cada ola al elevarse se riza en su cresta
y se rompe en un raudal de blanca espuma,
te dice: «¡Rompe tu pequeñez,
eres mucho, mucho más de lo que crees!».
Al deslizarse la espuma por la playa,

te acaricia con sus suaves dedos.
«¿Seguirás mi consejo?», murmura la espuma.
Después, retirándose, susurra:
«Ahora descansa, relájate,
quizás así lo comprendas».
Tiéndete tranquilamente en la suave arena,
y deja volar tu mente, en silencio...
El tiempo discurre en profunda quietud.
Ahora, el azulado mar te envía otro mensaje:
una gigantesca y amorosa ola cae sobre la orilla
y te envuelve en un resplandeciente túnel
de azulada luz.
Abandónate en su luz.
¿Lo oyes?
Un hondo y vibrante murmullo
te susurra desde el interior de la ola:
«¡Somos uno!»,
«¡Abandona tu pequeño cuerpo, amigo,
somos uno!».
Fúndete en la encrespada ola,
en la azulada luz,
en el inmenso mar.
Castillos de coral bajo el agua, anaranjados y rojos,
vigilan un tenue y luminoso mundo.
Peces tropicales de abundantes colores se lanzan

dentro, fuera y sobre las altas torretas
y severas almenas,
destellos turquesa, amarillo brillante,
violeta encendido, rosados...
Un séquito de cortesanos y elegantes damas,
orgulloso de sus ricos ropajes,
sirve afanosamente al rey y a la reina.
A sus pies, largos helechos
—como estandartes reales—
ondean en las cambiantes corrientes, recordándote
los sauces mecidos por la suave brisa.
En este reino de profundidades marinas,
los rayos del sol
forman altas columnas que se desvanecen
en la lejanía,
como luminosos pilares de un simétrico jardín,
rodeado de una campiña que la bruma oculta.
Las escalonadas terrazas de este país de ensueño
conducen gráciles a un oscuro e invisible valle.
Contempla el evanescente mundo de lo desconocido.
«¡Somos uno!», murmura el mar.
Tus pensamientos y los sentimientos de tu corazón
se expanden hacia todas direcciones
para abrazar esta unidad.
Todo cuanto te rodea forma parte de tu gran Yo:

los castillos de coral, las terrazas en las colinas,
los oscuros valles y la inmensidad del agua...,
¡todo forma parte de ti!
Tú, una diminuta ola de paz,
te has convertido ahora
en el vasto mar de la Felicidad y la Alegría.

# EL VIAJE INTERIOR

❧

Títulos publicados: